Kalendae: Il Segreto dell'Eterno (HORROR)

Ofelia Lacovelli

Contenuti

Capitolo 1

Timor Mortis

Mangiarono il primo piatto in silenzio, la quiete rotta solo dalla tosse di Ezra. Lui non toccava cibo, pietrificato davanti alla carne infilzata nella sua forchetta, la camicia stropicciata e lo sguardo stanco. Julius, in contrasto, sembrava affamato. Ma aveva addentato ogni boccone con gli occhi fissi sull'altro, un luccicare adamantino nei denti, macchiati di rosa a contatto con la carne.

«Ti senti meglio, adesso?»?chiese, mentre piegava lo sterno contro il tavolo per afferrare la brocca dell'acqua. Emeline la prese per lui.

Ezra deglutì. «Abbastanza, sì.»

«Era da molto che non avevi un attacco così forte.» Si versò dell'acqua. Lo conosceva troppo bene.

Emeline fece rimbalzare lo sguardo da uno all'altro, senza dire nulla. Non voleva immettersi in discorsi che non le appartenevano, innestarsi nella pianta del loro rapporto come una graminacea infestate. Quindi addentò un pezzo di pomodoro.

«Credo sia la polvere. Non mi ci sono ancora abituato.»

Julius stese il braccio lungo il bordo della sedia, lasciandolo dondolare nel vuoto. Dopo un lungo espirare rilassò i muscoli, e rivolse il viso verso Emeline. «Alla Cattedrale non c'è polvere?» domandò, serafico, senza rivolgersi a lei. Stava parlando con Ezra, ma sembrava non volesse concedergli il suo sguardo.

Ezra rimase interdetto, solo per poco. Si difese subito. «Forse allora è il polline. Ieri ci siamo sdraiati sul prato, no?»

Julius si ricompose, la schiena di nuovo dritta lungo lo schienale della sedia. «Può essere» disse. Poi mangiò un altro boccone, lentamente. Sembrava non avesse altro da dire. «Cosa dovevi dirci, a proposito di quei documenti?»

Emeline alzò lo sguardo, la forchetta davanti alle labbra. Il suo non era stato un tono familiare, non era la solita intonazione limpida per cui conosceva Julius. Con quella serietà sbagliata sembrava essersi quasi proteso verso Ezra, mentre gli parlava in maniera così algida e lapidaria, i polpastrelli a tamburellare contro la linea d'oro del piatto.

Ezra alzò le spalle; la sua postura divenne improvvisamente più nervosa, tesa come una corda di lira. Staccò i gomiti dal tavolo, quasi volesse allontanarsi il più possibile da Julius.

Era questo quello che non le piaceva. C'era sempre un momento in cui tutto si ghiacciava, diventava freddo e irrisolvibile, e l'acqua tiepida del fiume di familiarità che condividevano si congelava. Emeline se ne accorgeva spesso, e pativa quel gelo come nient'altro.

«Non li ho qui. Li ho lasciati alla cattedrale.»

Julius si morse la lingua, mostrando un amaro sorrisetto. Torno a guardare il piatto e pensò che Ezra non fosse mai stato bravo a mentire. Era entrato in camera sua più di una volta, e aveva visto diversi fogli sulla scrivania;

troppo vecchi e conservati con attenzione per essere appunti.

«Non sono quelli che hai in camera?» chiese Emeline, a sorpresa. A Julius andò di traverso un boccone, e diede due discreti colpi di tosse.

Ezra sgranò appena gli occhi, mentre lasciava scorrere le dita lungo il calice di vetro. Come fai a saperlo? Avrebbe voluto chiederle, quando si era ricordato che era stata proprio lei a fargli compagnia qualche ora prima, quando stava troppo male anche per parlare.

Rivolse lo sguardo verso Julius, senza sapere bene cosa aspettarsi; lui ricambiò con una sorniona alzata di sopracciglia.

«Allora forse sono quelli» disse Ezra. Non sembrava aver intenzione di continuare la conversazione, quindi Emeline parlò per lui.

«Che tipo di documenti sono?»La stanza non era molto illuminata, e quando la luce scarseggiava i suoi lineamenti si facevano più affilati e severi: quelli di una statua, intagliati in un fine marmo privo di colore. Quella sera teneva i capelli legati dietro la schiena, ma in un gesto inconscio provò comunque a spostarli dalle spalle. Appoggiò il mento alle nocche delle mani e attese una risposta.

«Mi sono stati regalati dall'uomo che mi ha ospitato in Svezia quest'estate. Riguardano la chimica e la botanica, presumo.»

«Presumi?» Julius lo guardò di sottecchi mentre beveva il vino, il suo pomo d'Adamo a muoversi appena. Sembrava aver perso la sua ostinazione. Più tranquillo, era tornato quello di prima davanti al cedere di Ezra.

Lui esitò. Solo un breve attimo, ma bastò per far ricadere di nuovo tutta l'attenzione sulla sua figura. «Sono scritti in latino.»

Julius inclinò la testa, in silenzio mentre masticava. «Vuoi che li traduca io?» chiese. I suoi occhi scintillavano d'attesa.

«Sei l'unico che possa farlo» rispose Ezra, e Julius espirò un sorriso.

«Non adularmi» lo redarguì. Poi abbandonò le posate. «Lo faccio, d'accordo. Possiamo vedere i documenti?»

«Giusto. Valli a prendere, Ezra.» La schiena di Emeline strisciò lungo lo schienale della sedia. Sembrava assonnata, seppur il suo volto fosse ancora meditabondo.

Lui rimase fermo, a far scricchiolare le nocche, strette tra loro.

«Vuoi che ti accompagno? Sei tu ad avere paura dei fantasmi, adesso?» lo schernì Julius, alzandosi con un sardonico fare teatrale. Non si sarebbe seduto finché Ezra non avesse preso una decisione.

«Vado da solo.» Lui si alzò a sua volta, lentamente. Rimise al suo posto la sedia, fece cadere il tovagliolo sul tavolo e lasciò la stanza con la rapidità di una scossa di vento.

Julius si voltò verso Emeline. «Capisci quanto io sia santo nell'essergli amico?»

Una pila di fogli cadde sul tavolo. Vecchia, consumata, di un giallo antico che delineava bene la sua età. Un tempo era stata mangiata dalle tarme, ma qualcuno aveva curato la carta in modo tale da limitare i danni dei loro morsi. Qualche buco, perfettamente circolare, si notava ancora ai bordi. Il plico era legato con un nastro di corda, annodato più volte con decisione. Ezra lo recise con un rapido taglio del coltello, i tendini della mano a contrarsi mentre tagliava con un gesto fermo del polso. «Togliete i bicchieri» disse, timoroso che potessero rovesciarsi. Appoggiò gli occhiali davanti a sé.

Julius bevve un ultimo sorso e allontanò il suo calice, prima di raccogliere uno dei primi fogli tra due dita. I suoi occhi scorsero rapidi lungo le ultime righe: una peculiare abitudine che Emeline aveva imparato a capire. Quando gli veniva dato un nuovo testo, il primo punto che Julius osservava non era mai quello delle prime righe. Si correggeva sempre subito, e tornava a leggere in cima alla pagina.

Ma quella volta non lo fece, continuò a leggere il testo per metà, come se qualcosa avesse improvvisamente catturato il suo interesse. Entrambi lo osservavano in silenzio, mentre i suoi lineamenti si facevano più crucciati e lo sguardo si fissava, confuso, impossibilitato a passare alla riga successiva.

Lasciò cadere il fogli davanti a lui.

«Allora?» Ezra sembrava al limite della tensione: appoggiato alla finestra, si reggeva con una mano stretta contro il gelo del marmo.

«Non ci capisco nulla.» Julius rise. «Non riesco a tradurre.» Continuava a spiare quella pagina, e ne parve quasi intimorito. Il dubbio gli si leggeva negli occhi.

Emeline non provò a leggere, ma di fronte alla confusione di Julius le venne in mente solo un unico ricordo: appena finito l'esame entrambi si erano seduti sotto le volte dell'entrata, e il discorso era ricaduto un'ennesima volta sul latino. E mentre mangiava noci, Julius le aveva spiegato di non essere ancora in grado di capire pienamente il latino arcaico.

«Potrebbe non essere latino classico.»

Julius incrociò le braccia al petto. «Arcaico, dici?» chiese, mentre prendeva a mordersi le pellicine dell'indice. «Non lo so tradurre, ma lo so riconoscere»disse, prima di affondare di nuovo lo sguardo nelle parole del foglio. «Questo è un ibrido» esclamò poi, criptico.

Ezra aggrottò le sopracciglia, perplesso. Strinse le braccia davanti alle ginocchia incrociate, aspettando risposta. C'erano volte in cui faceva esattamente così, quando Julius sfiorava il limite dell'ermetico con i suoi discorsi, citando Virgilio o parlando di cose che lui non afferrava; quindi rimaneva in silenzio in attesa di nuove informazioni, come un re davanti all'Oracolo. Allo stesso modo, spesso ulteriori spiegazioni non arrivavano.

«Un ibrido?» domandò Emeline.

«Un misto di latino medievale, arcaico e classico.»

«Ma perché?» sbottò allora lei, la nausea al solo pensiero di tradurlo. Julius sembrava invece estasiato: come se da tanto tempo avesse preso a trovare monotono quel latino che leggeva come fosse inglese, e ricercasse nuovi limiti da sfidare, i suoi occhi di melassa brillavano di un desiderio sottile.

«Non ne ho idea» rispose lui, le dita a sfiorare con delicatezza la carta.

«Riusciresti a tradurlo?» Ezra, le mani annodate tra loro, gli rivolse una strana occhiata. Lo puntò coi suoi occhi pungenti per qualche secondo, prima che Julius alzasse il viso -serio, con la lieve patina di un'imbronciatura immotivata- e dicesse.«Prima voglio sapere di cosa parla.»

Ezra dischiuse le labbra. «Come posso saperlo se non l'ho tradotto?»Inclinò il volto, in attesa.

Julius gli rivolse un sorriso. Dolce, comprensivo, sibillino come era solito essere quando si sentiva preso in giro.

«Non avresti mai preso questi fogli senza sapere di ciò che trattavano, Ezra.»

Era come assistere a una lunga, amichevole partita di scherma. Una lieve ferita alla guancia, un colpo poco profondo, un affondo schivato e un sorriso beffardo; stavano giocando le loro parti con la compostezza di chi si rispetta, e con l'acume di chi si conosce troppo bene.

Emeline spostava lo sguardo da un capo all'altro del tavolo: prima Julius, poi Ezra, con le loro stoccate di parole affilate e morbide allo stesso tempo. Si trovò inconsciamente a parteggiare per Julius. Perché era troppo strano, troppo fastidioso che Ezra rimanesse inflessibile, enigmatico nella sua richiesta, senza confessare nulla su quei fogli rovinati dall'umidità.

Lui stava scomodo sulla sedia. Si muoveva, come se non riuscisse a stare fermo, come se il tavolo lo bloccasse dall'esprimere il suo disagio. Più volte Emeline lo vide guardare fuori dalla finestra. Era limpido che fosse in difficoltà, limpido come il fatto che Julius lo avesse capito fin troppo bene.«Hai paura che non traduca? Se non lo fossi, non faresti così tante storie» diceva, la voce flessa dal sorriso, gli incisivi a mostrarsi con lucentezza. Sapeva essere tremendo.

«Basta.» Emeline appoggiò le posate davanti a sé. Entrambi la guardarono sorpresi, ma lei si voltò subito verso Ezra.«Da quel che ho capito tu sai perfettamente di cosa trattano i documenti.»

Ezra non rispose. Fece per parlare, ma Emeline non gli lasciò spazio. Le sue parole presero a fluire di nuovo, compatte e controllate, in un ordine fermo e fluente impossibile da sovrastare. «Quando si inizia un esperimento tutti gli individui coinvolti devono essere a conoscenza del fine ultimo della ricerca. Ce lo hanno insegnato al primo anno. Non ci hanno mai portato in laboratorio senza prima mostrarci il risultato che avremmo dovuto conseguire. La scienza è limpidezza. Non è ciò che c'è scritto nell'aula di laboratorio?» Poi si schiarì la voce, solo per un attimo, quasi volesse essere certa di pronunciare con chiarezza le ultime parole. «Ora, il nostro è un progetto comune e le nostre sono ricerche comuni. Non lavoreremo né nel dubbio né alla cieca. Né senza sapere meno di quello che sai tu.»

Calò il silenzio. Julius smise di lasciar ticchettare la forchetta sul bordo del piatto e la tosse di Ezra cessò, rintanandosi di nuovo sul fondo dei suoi polmoni. Lui rimase composto, le mani strette davanti al viso, scorci

del suo sguardo brillanti dietro all'intreccio delle dita.«
D'accordo» disse. «Non posso certo sovvertire l'ordine
dell'etica scientifica» ironizzò. Il suo tono monotono e
dolce era fastidiosamente al limite del mellifluo, come
diventava solo a volte. Si alzò dal tavolo e Julius lo seguì
con lo sguardo; sfiorò i fogli con una mano e prese a
parlare:«Julius, tu sai quanto io creda nella scienza.»

Lui si voltò di scatto, senza dire nulla. Dopo qualche
secondo di attesa, disse solo: «Lo so.»

«E sai anche che mi sono iscritto alla Vaas per volere
di mio padre. Ma penso di poter rivendicare il vostro
stesso amore per la conoscenza. Poche sono le vite
che vorrei intraprendere, e nella maggior parte c'è lo
studio delle scienze naturali. Il mio è un credo limpido
e incorruttibile, perciò vi prego di non innalzare giudizi
affrettati su quello che state per scoprire: ricordate che
tutto ciò che sentirete vi potrà sembrare incredibile,
surreale e falso. Sarete liberi di non crederci.» Poi scoccò
una fredda occhiata ad entrambi: un monito di lealtà.«
Ma col tempo tutto assumerà un valore diverso. E non
servirà più dubitare su quale pianta utilizzare, su quale
proprietà sia quella giusta; la strada è una sola.»

A quel punto Julius ridacchiò, senza umorismo. Il suo volto era fermo e rigido, ma come lo può essere la superficie d'un lago ad aprile. Il peso irrilevante di un'ennesima parola avrebbe fatto collassare il ghiaccio. «Dicci di cosa parla e basta.»

Allora Ezra prese l'ultimo foglio dalla spessa pila che sorgeva di fronte a lui, rivelando fosse il primo del manuale. Lo aveva nascosto, celato per scongiurare la scomoda ipotesi che finisse nelle mani di Julius. «Leggi» disse, porgendoglielo.

Lui quasi glielo strappò di mano, ed Emeline incurvò un sopracciglio. Scorse lungo le parole senza comprenderne appieno il significato, ma dopo pochi secondi bastarono i lineamenti di Julius per farle ben capire che era riuscito a tradurlo.

«È l'unico pezzo in latino classico» Ezra gli si avvicinò, irrequieto.

«Che cosa significa?» chiese invece Julius, sovrastando le parole dell'altro con le sue. Rimasero entrambi in silenzio, ed Ezra sorrise. Sembrava che l'incredulità di Julius lo soddisfacesse.

«Leggilo ad alta voce» chiese, porgendo uno sguardo a Emeline.

«Le fasi si dicono essere tre, dalla più vile all'eccelsa: bisogna partire dal lento marcire del corvo nero per lasciare che le bianche ali del cigno purifichino gli elementi. Solo allora tutto si macchierà del vermiglio della fenice e il re sarà incoronato. Il processo è lungo e selettivo, come lo sono le tre fasi stesse: l'opera finale determina la consapevolezza nell'elevarsi al di sopra della materia.» Poi roteò gli occhi lentamente, inclinando il viso verso Ezra. Stava per mettersi a ridere o urlare, credette Emeline, ma Julius non fece altro che continuare a guardare dritto in volto Ezra, immobile come se fosse appena stato modellato dalla cera.

«Sono simbolismi.» Ezra prese il foglio. «Sono simbolismi per indicare i tre processi chimici. Il corvo è l'opera al nero, dove gli elementi andranno putrefacendosi per passare alla sublimazione, il cigno. La fenice è...»

«Di cosa Diavolo stai parlando.»

«È difficile da spiegare, ma se...»

«Ezra» Emeline lo richiamò, prima che potesse farlo Julius.«Questi non sono trattati di scienza.» Le venne in mente il ricordo di una vacanza di molti anni prima; Firenze era luminosa e terribilmente calda attraverso i vetri del museo, e lei aveva fame e male alle piante dei piedi. Quella era l'ultima sala e lei aveva lanciato solo qualche occhiata approssimativa ai quadri restanti, mentre attendeva suo padre in minuti estenuati e infiniti. C'era stato un quadro che aveva attirato il poco di attenzione che le era rimasto: La liberazione di Andromeda, della quale le era stati spiegati i più disparati simbolismi. Dalle Metamorfosi di Ovidio al significato politico, suo padre era arrivato a ipotizzare infine che la lotta contro il drago avesse una valenza alchemica.

Non conosceva l'alchimia. Il poco che sapeva proveniva da mediocri racconti d'appendice che volevano essere emozionanti, in cui vecchissimi uomini ammettevano di avere migliaia di anni, di aver visto con i loro occhi tutte e ventitré le coltellate inflitte a Cesare e aver assistito in prima linea alla Rivoluzione francese. Non le erano mai piaciute quelle storie, e in generale le trovava stupide. Ma quel giorno ricordò di aver chiesto al padre il vero significato di alchimia -sapeva che gliene avrebbe dato uno più concreto di quei racconti- e lui, dopo un sorriso, le aveva risposto.

«L'alchimia» aveva detto. «È la scienza dei filosofi, degli artisti e dei folli.»

«No.» Ezra scosse la testa, -un gesto rapido, sfuggente, quasi non ne fosse sicuro del tutto-. «Non sono trattati di scienza.» Poi inspirò, il mento a sfiorare lo sterno, le scapole insicure nel loro incurvarsi.

«Non la scienza che conosciamo. Non quella che ci fanno studiare sui libri. La nostra mentalità sembra aver sorpassato certe cose, certe filosofie, ma la filosofia rimane per sempre. Non cessa mai di esistere. Muta, come la materia, ma quella che oggi noi chiamiamo scienza non è altro, se non-»

«Alchimia.» Emeline serrò le labbra, e si portò appresso il bicchiere. Non riusciva a decidere come sentirsi di fronte a una rivelazione di quel tipo: l'alchimia era stata smentita da secoli. Nessuno credeva più alla pietra filosofale, all'ordine ermetico del Rosacroce e agli insegnamenti di Salomone: ciò che un tempo era stato legge allora erano diventate semplici storie passate, su cui scienziati come lei -e pensava come loro- scherzavano di fronte all'ingenuità di quelle credenze. Trovarsi davanti alla possibilità di credere in quelle cose, di crederci davvero, la confondeva. Perché se il pensiero di affidarsi a ciò che non poteva essere definito scienza la allarmava, sapeva per certo che non sarebbe mai stata capace di rifiutare. Improvvisamente si chiese come aveva potuto non interessarsi mai a cose del genere. Come aveva permesso che tutta quella conoscenza, per quanto con il rischio che fosse falsa, le fosse sfuggita di mano per tutto quel tempo. Suo padre non avrebbe mai approvato una disinteressata cecità del genere.

«I più grandi chimici sono stati alchimisti, e seppur siano poi diventato fedeli al metodo scientifico non hanno mai abbandonato il loro legame con l'esoterismo. Perché tutto questo? Se davvero non ci fossero legami tra scienza e alchimia, se quest'ultima non avesse un fondo di verità, perché Paracelso ha continuato a credere nell'alkaest anche quando ha scelto di centralizzare i suoi studi sulla medicina moderna? Perché Newton si affidò all'alchimia per ipotizzare le leggi regolatrici dell'Universo? Ragione e occulto -e attenzione, non giudicatemi eretico per questo termine- possono collaborare. Serve solo spostare lo sguardo dalla linea retta delle credenze moderne, e voltarsi verso l'ammasso di dottrine dell'antichità. A quel punto scoprirete che anche Aristotele, con i suoi quattro elementi regolatori e la quintessenza credeva nell'alchimia. Così come Platone

-ricordate il mito dell'androgino?- e Plotino. Plotino! Lui ha descritto l'ascesa dell'alchimista, e noi lo studiamo collegato al solo Cristianesimo. La filosofia, come la biologia, come la chimica devono tutto all'alchimia.» Ezra espirò, senza fiato. Il petto gli si alzava frenetico, come quello di una lucertola spaventata. Guardò Julius ed Emeline; sembrò voler sorridere, ma l'ansia evidentemente gli impediva di riuscirci.

Emeline lo osservava, senza espressione. Julius non gli aveva staccato gli occhi di dosso per tutto il discorso, ed era impossibile decifrare se ne fosse rimasto colpito o terrorizzato.

A quel punto sembrò essersi destato da quel suo sonno immobile, la cera che lo rendeva una statua distante a sciogliersi. Drizzò la schiena, e puntò gli occhi verso i fogli. Non guardò Ezra, nemmeno per un istante, non prima che lui lo chiamasse per nome. Allora gli rivolse contro uno sguardo vuoto e incredulo, lo specchio della sua mente in disperata attesa di processare ciò che aveva appena sentito.«Non possiamo accettare qualcosa che si basa su dei dogmi.» Calmo, troppo, bevve dal suo bicchiere. Le labbra gli si tinsero appena di rosso, e lui continuò a parlare. «La scienza necessita di osservazione e dimostrazione, non di semplice fede in qualcosa.»

«Per te questa sarebbe solo fede?» Ezra alzò il tono di poco, ma questo bastò a far contrarre i lineamenti dell'altro in una lieve espressione di fastidio. «Qui non si tratta di fede. Non confondiamo religione e conoscenza. Qui si tratta di applicare la ragione, la ragione terrena, all'intellegibile.»

«La scienza non può basarsi su un dogma!»tuonò allora Julius, categorico, il suo tono più acuto e irato del solito, tanto quasi da non appartenergli; torvo e furioso come un giovane Nerone capriccioso, incrociò le gambe tra loro in un movimento nervoso e stette ad aspettare risposta. Sembrava spaventato: più che dal discorso di Ezra in sé, dall'eventualità che alla fine potesse averlo influenzato, in qualche modo.

«Forse non è un dogma. Forse non si tratta di fede, d'accordo?» Emeline si alzò, oscurando Julius con l'ombra densa della sua figura. «Hai detto che sono processi chimici, giusto?»

Ezra annuì, il respiro modellato dalla tensione.

«Allora io la considero ancora scienza. Processo è osservazione del mutare della realtà. È scienza.»

Dal modo in cui mordeva con durezza le pellicine dell'indice e inclinava il viso con disappunto, Julius sembrava essersi sentito tradito da quella dichiarazione. Ezra, invece, parve sollevato. Alzò un braccio e lo fece ricadere subito dopo, con stanchezza. «Quello che sto cercando di dire.»

Emeline sbuffò un mh-hm pensieroso. «Possiamo anche decidere di seguire questa strada e di fidarci di te. Completamente.»Evidenziò quell'ultima parola con severità, quasi ci fosse l'intenzione nascosta d'infliggere un senso di resposabilità nel mittente. Ezra sentì l'ombra di un brivido contrargli la bocca dello stomaco.

«Se ciò accadesse» continuò lei. «Dobbiamo essere a conoscenza di ciò che ci aspetta. Te lo ripeto, Ezra. Non ce lo hai ancora detto. Cosa stiamo cercando?»

Le parole furono spesse e affilate come cuspidi di frecce, e colpirono tutti allo stesso modo. In quel momento si resero conto con stupore di come nessuno avesse mai esplicitamente citato il vero fine ultimo delle loro ricerche; sì, c'erano le cellule ringiovanenti, gli antiossidanti, i sieri: ma quelli non erano altro che nomi dietro cui si nascondevano, si cullavano nella speranza e al contempo nel dispiacere di non poter svelare apertamente qual era il loro desiderio più recondito. Si erano incontrati e da allora niente era stato lo stesso; com'era possibile che tre studenti come loro -intelligenti, ragionevoli e arroganti come loro- avessero deciso d'un tratto di riunirsi e di diventare l'uno parte della vita dell'altro per un semplice esperimento? Non erano state le ricerche a spingere Emeline a farsi trovare nella vecchia aula in disuso, né le ricerche avevano contribuito a legarli l'uno all'altro come nastri di una treccia. Era stato quel desiderio comune che non avevano mai espresso, ma che inconsciamente avevano colto conoscendosi: Julius che saltava le lezioni su Lucano in cui si parlava dei soldati morenti negli accampamenti romani, Emeline che non voleva togliere dalla voliera i canarini morti, ed Ezra, che sembrava avere un'avversione per qualsiasi canto dell'Inferno. Avevano compreso. Ciò che era stato lasciato non detto fino ad allora trovò la sua via di comunicazione in quel momento, quando si chiesero cosa stessero cercando. Non era ovvio? Dopo tutti quei giorni spesi a conoscersi, a notare le piccole cose, realizzarono quanto ciò che fino ad allora li aveva legati di più non era stato altro che il semplice, banale timor mortis.

La naturale paura della morte aveva radicato in loro le sue radici secche e ne aveva coltivato una pianta robusta e ossessiva, che in quegli animi giovani e suscettibili aveva trovato il nutrimento migliore che potesse desiderare. Ma anche l'ambizione aveva il suo fiore, ed era uno splendido bocciolo in attesa di aprirsi e mostrare come quella paura e come lo stesso arbusto della morte potessero essere debellati.

E forse ciò che serviva loro era proprio qualcosa di diverso dalla scienza, dalla ragione e da ciò che in generale ammetteva dei limiti: quelle colorate illustrazioni, quei simboli arcani, quei linguaggi indecifrabili e quelle promesse idilliache che gli si prospettavano davanti erano forse davvero ciò che cercavano: non ci potevano essere limiti in una conoscenza così ermetica, tanto misteriosa e che incitava a superarli, i limiti. Un sapere diverso ed elitario, l'unico tipo di cultura che avrebbe mai potuto soddisfare la loro unica, vera ricerca.

«Stiamo cercando quello per cui ci siamo riuniti fin dall'inizio» fece Ezra, le parole a fluttuare nel silenzio del salone come quelle di una divinità.

«La vita eterna» confessò Emeline. Il cibo davanti a loro era ormai freddo.

«O quello che più ci si avvicina.» Julius guardò entrambi. Poi raccolse le posate e addentò un pezzo di carne.

Capitolo 2

Pange, Lingua!

Quello fu il primo giorno in cui Julius si decise a indossare il maglione. Mesto e innervosito non tremava più dal freddo, ma con un'appassionata malinconia aveva finalmente accettato di salutare l'estate. Arrivò nell'aula di biologia in ritardo -cosa inusuale per lui, molto più tipica di Ezra- e trovando con suo sommo disappunto i posti delle file in mezzo occupati, puntò le ultime sedute.

«Pensavo non ti presentassi più.»Emeline, i gomiti appoggiati al piano di lavoro, lo osservò sedersi vicino a lei.

Julius si stirò, appoggiando le punte delle scarpe al bordo della sedia davanti a lui. «Sono dovuto passare dalla Cattedrale» svelò, togliendosi il maglione.

«Dalla Cattedrale?»

«Sì, a riprendere i vestiti che avevo prestato a Ezra quando è rimasto a Blackcurrant.» Di fronte al silenzio di Emeline aggiunse: «Quando ha avuto l'attacco d'asma.»

«Ah, certo.» Lei non distolse lo sguardo dal quaderno. La sua scrittura era diversa da tutte quelle che aveva mai visto, pensò di getto Julius: lieve, quasi l'inchiostro si posasse appena sulla carta, un filo di scuro metallo a stendersi annoiato e senza alcuno sforzo.

«Temo dovremmo incontrarci nel pomeriggio.»

«È questo ciò che ti ha detto Ezra?» lo interrogò lei, mentre voltava pagina e tornava a scrivere. Poi scoccò un'occhiata sbieca verso Julius. «Non scrivi niente?»

Lui scrollò le spalle. «Tanto lo ripeterà altre dieci volte .»Si schiarì la gola. «Sì, è quello che mi ha detto. Vuole incontrarci nell'Artis Aula.»

«Non possiamo trovarci da me, alla Tenuta?»pregò lei, sbuffando in una scialba manifestazione di fastidio.

«Dice che è troppo lontana.»

Allora Emeline smise di scrivere, e si voltò finalmente verso Julius. «Davvero vuole rischiare che qualche professore della Vaas ci senta discutere di Santo Graal e vie della trasmutazione?»

Julius si sciolse in una risatina, mentre con calma tirava fuori dalla cartella un quaderno. «Evidentemente sì» confermò, poco interessato. «E comunque alle sei non c'è più nessuno, per i corridoi.»

Emeline inarcò le sopracciglia. «Vuole riunirci alle sei?»

«Che c'è di strano?»

«Non abbiamo nessuna scusa per trovarci qui alle sei, Julius.»

Lui sembrò poco interessato alla faccenda. «Vai da Ezra e digli che l'orario non va bene»propose soltanto, placido, mentre rileggeva i vecchi appunti.

Emeline alzò gli occhi al soffitto, esasperata. «Ovviamente non glielo dirò, e tu lo sai.»

Julius sospirò; curvo sul quaderno, l'ombra gli si proiettava addosso come un velo. «Allora dobbiamo farci trovare nell'Artis Aula a quell'ora.» Poi gettò il collo all'indietro, portandosi le mani alle guance. «Dio, mi sento esausto» soffiò, prima di lasciarsi scivolare contro lo schienale della seduta.

Emeline non disse nulla, ma si girò a guardare, interrogativa, verso di lui.

«Se te lo stai chiedendo, l'assenzio non c'entra. Non del tutto» reagì allora Julius, senza che lei avesse mosso parola. Era perché ormai c'erano state troppe mattinate in cui era nervoso e quasi non si reggeva in piedi, astioso nei suoi vestiti stropicciati -incredibile per lui, che teneva agli abiti con una precisione puntigliosa- e silenzioso come una statua. Si sedeva in biblioteca per studiare, ed Ezra lo trovava addormentato su tomi di matematica, la guancia accarezzata da file di logaritmi; si presentava a lezione e seguiva per venti minuti scarsi prima di iniziare il suo lento e inesorabile accartocciarsi contro la sedia, a reggersi il capo con il palmo, rigirandosi irrequieto per trovare una posizione comoda. Lui giustificava quel consumo d'alcool e quella carenza di sonno come il risultato di un momentaneo sovraccarico di stress -l'esame di matematica non era affatto andato bene, aveva un resoconto su Lucano che aveva trascurato e la selezione per rientrare nella classe di metrica era sempre più vicina; doveva quindi sacrificare la salute per lo studio, sua tipica affermazione- ma ogni volta Emeline ed Ezra lo guardavano con meno comprensione di quella precedente. La verità era che aveva iniziato a scambiare il giorno per la notte da quando Ezra aveva portato i documenti.Prima erano cose da poco -un lunedì creduto sabato, una notte spesa a discutere sui poetae novi, nulla di che- ma gradualmente si erano trasformate nella quotidianità. Allora Ezra aveva iniziato a sentirsi spesso in colpa, sensibile com'era, e cercava in tutti i modi di coprirlo quando cadeva in un altro dei suoi sonni frammentati alla Capitolium.

«Tu sei sicuro» sostenne Emeline, poco convinta.

«Sono rimasto sveglio per la traduzione» la stupì, la voce sottile, coperta dall'ombra della stanchezza.

«Sei riuscito a tradurre?» investigò lei, il fianco della mano che si sporcava d'inchiostro.

«Poco, ma lo scoprirai stasera alle sei» le sue labbra brillarono appena di un sorriso evanescente.

«Ezra lo sa?» chiese allora Emeline.

«Sa quanto te.»

«Non sei più arrabbiato con lui, presumo.»Dalla sera dei documenti si erano parlati di rado, con la loro solita e fredda cortesia che applicavano quando si sentivano ancora troppo orgogliosi e feriti per tornare alla vecchia familiarità. Julius non aveva mai accennato a nessuna discrepanza, né lo aveva fatto Ezra; come ogni volta che accadeva qualcosa tra loro, tutto rimaneva celato come erba sotto la neve di gennaio, fino a che quella non si scioglieva lentamente e il verde sbucava di nuovo.

«Non posso essere arrabbiato con Ezra» negò Julius, in bilico tra la dormiveglia.«Se fanno il mio nome, svegliami» la pregò poi, prima di coprirsi gli occhi con un braccio.

Il suo respiro divenne regolare dopo poco.

Ezra li aspettava nel corridoio davanti alla porta, silenzioso, di fronte alla finestra aperta; fumava, conscio che non potesse esserci nessuno a riprenderlo. Dietro di lui si stendeva l'ocra profondo di fine tramonto, caldo e applicato nel cielo in pennellate fresche e uniformi, a cui le nuvole sembravano essere rimaste incollate.

«Non hai idea di chi abbiamo incontrato.» Julius, da in fondo al corridoio, camminava spedito verso di lui.

Ezra gli fece segno di abbassare il tono, prima di spegnare la sigaretta e farla cadere oltre il bordo di marmo della finestra.

«Cunningham. Quell'essere immondo di Cunningham!» Il professore di teologia della Vaas. Molti si chiedevano perché una scuola prevalentemente scientifica avesse scelto di aggiungere la teologia alle sue materie, ma la Vaas aveva talmente tante contraddizioni da essere diventata una sua peculiarità. Non solo quelle fisiche -corridoi che non portavano da nessuna parte, porte murate e decine di aule in disuso- ma anche quelle morali, come scegliere di festeggiare San Giorgio o inserire nel programma di biologia anche le scoperte più recenti e controverse. Lo studio della teologia faceva parte di quest'ultima categoria di contraddizioni, ed essendo facoltativo molti avevano preferito non iscriversi al corso. Julius era stato uno dei pochi a farlo insieme a Ezra; entrambi per mera curiosità, incoraggiandosi a vicenda nella speranza che quelle ore avrebbero portato a discussioni per lo meno interessanti. Il primo mese del corso era finito con un eclatante litigio tra Julius e Cunningham, il quale lo aveva cacciato dall'aula con l'accusa di blasfemia. Lui lo aveva salutato con una citazione a Giovenale.

Benché fosse risaputa la distintiva natura bellicosa di Julius contro chiunque non gli stesse a genio -specialmente tra i professori- tutto il corso quella volta aveva preso le sue parti. Nessuno le aveva mai detto cosa fosse realmente accaduto in quell'aula, ma Emeline si sentì abbastanza intuitiva da comprenderlo quando Cunningham passò loro vicino, e Julius mormorò:«Derisor[1].»

«Come?» Emeline si era voltata.

Lui aveva scosso la testa. «Mi chiedo cosa ci faccia in questa scuola. Oltre a dire che andremo tutti all'inferno perché viviamo alla greca, ovviamente.»Lei non si era mai iscritta al corso.

«Non ci posso credere.» Ezra sgranò gli occhi.

«Te lo giuro» fece Julius. «Più brutto del solito, per giunta.»

«Cosa ti ha detto?»

«Non mi ha visto, fortunatamente.» Poi si guardò intorno. «Allora» disse. «Entriamo o no?»Indicò la porta di ciliegio bianco, in fondo all'aula; il sole giaceva quieto dietro a nuvole spesse come cotone, il tramonto ormai scomparso e il bianco del legno non più illuminato di quella calda patina che lo aveva dorato fino ad allora.

Ezra si mosse verso il fondo della stanza, delle chiavi tra le mani.

«Come hai fatto?» Emeline lo squadrò con circospezione, procedendogli vicino.

Lui le sorrise, chiudendo l'occhio nello stesso occhiolino che aveva spesso visto fare a Julius -a volte avevano i medesimi piccoli atteggiamenti- ed esclamò:«Il custode chiude tutte le aule dopo le cinque. Ma lo conosco da quattro anni, perciò...»

«Te le ha date lui?» Julius sembrava scettico.

«Assolutamente no, sono dovuto andare in segreteria sperando che nessuno mi notasse. Ho sudato freddo tutto il tempo.»Poi scoppiò a ridere in una delle sue melodiose risate soddisfatte, quelle che, si convinse Emeline, avrebbe potuto avere un bel gatto siamese -occhi blu come i suoi, stesso fare furbo- se fosse stato in grado di ridere.

La porta cigolò appena, quando Ezra fece schioccare le chiavi; il mazzo tintinnò, il legno a scontrare contro il metallo in un suono ipnotico.

L'aula era nella penombra. Ezra raschiò un fiammifero contro il bordo della scatola, e la sua fiamma prese a bruciare tenue. Accese le tre lampade ad olio che contornavano il muro, poi spense il cerino con la punta della scarpa. Presto, il fuoco prese a luccicare ardente contro il vetro delle lampade, e i confini dei mobili, morbidi nell'ombra, si fecero sempre più definiti.

Julius si abbandonò contro il muro, sedendo per terra. Con profondo disgusto notò una matassa di polvere di fianco a lui, così si scostò fino a toccare col gomito la caviglia di Emeline, seduta sulla scrivania esattamente come la prima volta in cui si erano incontrati.

Ezra si guardò un poco intorno, affascinato dall'atmosfera che si era creata intorno a loro; come se avesse deciso che quel cupo rosso, quelle ombre allungate e quel silenzio scricchiolante creassero l'ambiente perfetto per ciò che stava per accadere, guardò Julius negli occhi e alzò il mento in un breve gesto d'intesa. Lui annuì, e trasse dalla sua borsa dei fogli spiegazzati, di cui alcuni riutilizzati da vecchi quaderni di appunti, e li depositò sulle ginocchia senza dire nulla. «Non credo di averci capito molto, ma la traduzione è giusta.»

Poi, di getto, prese a leggere. «Dicembre millecinque- centoventitré. La decisione di trascrivere queste conoscenze sorge dall'importanza che esse avranno per coloro che studiano e seguono le diverse dottrine er- metiche -qui l'ho dovuto parafrasare-, e che stanno ricercando al mio medesimo modo i diversi procedi- menti fisici per il conseguimento della Grande Opera. Chi rivendica come suo fondatore Ermete non ha bisog- no di riscoprire le vie che conducono a quella stabilità materiale che permette inoltre la spirituale; e se c'è qualche corvo che morde questa carta senza saperlo, quel corvo ha ancora molto tempo da spendere nella ricerca.»Poi si fece vento col foglio, annoiato. «Ezra, illu- minaci.»

Ma lui stava fermo, pensieroso, le labbra dischiuse in una lieve mezzaluna; scosse la testa. «Non hai tradotto nient'altro?»

«Il resto è incomprensibile.»

«Non è possibile.»

«Ezra, lo giuro. Vuoi provare a tradurlo tu?»contestò Julius, il foglio nella mano allungata verso Ezra, come se fosse troppo anche per lui ammettere di non riuscire nella traduzione; difatti quella lo stava già rendendo suscettibile a ogni critica, mentre al contempo diventava lentamente il suo figlio d'inchiostro prediletto, quasi il suo operato fosse incontestabile di fronte alla difficoltà del lavoro. Non voleva ammetterlo, ma i documenti lo avevano, oltre all'euforia di un primo momento, demoralizzato; il suo siero di molecole del gelsomino giaceva immobile nel laboratorio, inutilizzato, dimenticato come polvere sotto a un letto, -nessuno, infatti, aveva più fatto riferimento al vecchio, effimero esperimento- abbandonato per lasciare spazio a qualcosa di più grande; e lui silenziosamente ne soffriva. Così si erano slanciato sulla traduzione, con il timore che anch'essa potesse finire nel dimenticatoio delle scoperte inutili, dopo tutto l'impegno che vi aveva riservato.

«No, ci devono essere altre istruzioni.» Ezra si portò due dita alla radice del naso, gli occhiali che scintillavano di tiepido oro contro la fiamma della lampada.

Emeline scoccò un'occhiata a Julius, lui di rimando rimase senza espressione, nel buio, e scosse appena la testa.

«Ci dovrebbe essere scritto dell'altro?»investigò lei, incerta.

«No... voglio dire, sì. Dovrebbe esserci scritto cosa dobbiamo fare.»

«Non ti capisco.»

«Dovrebbe spiegarci il percorso.»

Julius lasciò andare un sospiro d'esasperazione. «Pange, lingua! Ti stai capendo da solo, Ezra.»

Lui prese un respiro, quasi volesse calmarsi. Si portò una mano al mantello dell'uniforme e lo slacciò. «Il percorso spirituale. La via alchemica che permette al novizio di essere degno di compiere le tre fasi della grande opera. Senza il percorso, senza la purificazione spirituale, non possiamo andare da nessuna parte.»

Julius sembrava attonito. Senza permettere all'incredulità di permeargli del tutto il volto rimase calmo -per lo meno, neutrale- e disse:«Credo tu sia molto più informato di noi sulla questione.»

«Questo percorso» esclamò invece Emeline, composta sulla scrivania, i tacchi delle scarpe a battere contro il legno. «Non è qualcosa di ben definito, da quello che s o.»Sembrava aver colto il ragionamento dietro le parole di Ezra. Non era molto informata in materia, ma aveva conseguito qualche base rudimentale in quei giorni spesi alla Faraday. I libri sull'alchimia erano terribilmente pochi e sottili nella biblioteca, e chiedendoli al custode quello l'aveva guardata sorridendo sardonico, ma se li era fatti bastare. E allora aveva appreso di criptiche ascese impregnate di simbolismi, di prose latine, di illustrazioni in china con soli dai visi umani e serpenti intenti a mordersi la coda; quei libri erano alla portata di tutti, ma Emeline comprendeva bene perché non fossero mai stati utilizzati: nessuno riusciva a estrapolarne delle informazioni utili. Sibillini com'erano, era impossibile scorgervi all'interno una qualsivoglia parvenza di discorso lineare, di guida; di qualsiasi cosa, insomma, che potesse essere loro utile.

«No, assolutamente» fece Ezra. «È qualcosa che ogni alchimista- al sentirsi nominare a quella maniera, tutti e tre provarono una strana sensazione- deve adattare al proprio spirito. Solo...»

«Solo cosa?» lo interrogò Julius, scettico a proposito di tutte le volte in cui l'altro aveva parlato di purificazione e spiritualità.

Ezra gli rivolse una breve occhiata. «Solo, pensavo che i documenti potessero almeno indicarci la via da dove partire.»

«Quindi siamo alla cieca.» Emeline si staccò dal bordo della scrivania. Alla cieca in quel mare in tempesta, buio; immaginava le onde sbatterli da una parte all'altra, sugli scogli e contro la carcassa di una nave, senza pietà. «Posso?» chiese poi, e prese dalle mani di Julius il foglio. Inspirò.«E se c'è qualche Corvo che morde questa carta senza saperlo, quel corvo ha ancora molto tempo da spendere nella ricerca.»Rilesse, la voce pacata e decisa al contempo, ferma e priva d'insicurezza. «Ho l'impressione che non riusciremo a tradurre nient'altro, finché non spenderemo tempo nella ricerca.» Dovevano trovare il modo di giungere al lembo di terra più vicino; naufraghi ma vivi, tra le mani stretto il relitto della conoscenza, gelido e coperto d'alghe.

Ezra annuì, un sentimento di demoralizzazione a sbiancargli di poco le guance. Si sentirono dei rumori provenire da fuori alla finestra; un uccello nero, simile a una cornacchia, che lo spaventò a morte.

Julius gettò il viso all'indietro. «Dio» fece. «Vediamo solo di non finire come pitagorici, con vestiti bianchi e tutto il resto!»

Capitolo 3

Deus, ecce deus

«A questo punto la vostra soluzione dovrebbe aver assunto il colore della foglia, ovvero un bel verde scuro.»

Il laboratorio era silenzioso e gelido, la mattina dell'undici ottobre. Situata al terzo piano, nella stanza non era mai giunto correttamente il caldo dei riscaldamenti, dai tempi in cui la scuola era stata appena costruita ed era ancora un collegio maschile. Un difetto architettonico, si diceva, ma tutti si erano convinti da tempo che si fosse deciso volontariamente di spegnere ogni forma di riscaldamento all'ultimo piano. Alle nove di mattina gli spifferi soffiavano in ogni remoto angolo della sala, e i raggi irradiati dalle alte finestre chiuse potevano poco contro il gelido delle mattonelle e dei piani da lavoro.

Montgomery girava tra quelle lastre di marmo con lieve preoccupazione, intento a osservare i gruppi lavorare, temendo qualche possibile incidente. I suoi passi riecheggiavano in mezzo a quell'attutito chiacchiericcio, dietro di lui la polvere, alzatasi dal pavimento, danzava nei crudi raggi del sole.

«Questo verde... è orrendo.» Julius ispezionò la provetta con fare schizzinoso, tenendola davanti a se tra due dita: il mento alzato, il viso inclinato da una parte, si rivolse ad Emeline.«La tua com'è?»

«Identica alla tua» lei mosse il liquido, e quello assunse un colore ancora più denso. «Credo di impazzire.»

Montgomery li aveva divisi in sette gruppi da quattro: lungo gli infiniti corridoi del laboratorio, nelle loro uniformi e nei loro visi seri, erano al pari di automi, tutti intenti nella stessa azione. Molti di loro infrangevano quell'asettico quadro con risate e sorrisi.

Julius ed Emeline erano stati sorteggiati per finire nello stesso gruppo, insieme a due tipi dall'aria poco furba e all'apparenza completamente contrari all'idea di girare provette con all'interno foglie di spinaci. Si erano seduti sul bordo della finestra a chiacchierare, escludendo del tutto la possibilità di aiutare. Julius aveva fatto spallucce, affermando con acidità che la loro partecipazione sarebbe stata più un danno che un aiuto. Allora lui ed Emeline si erano messi al lavoro, completamente incerti e annoiati.

Julius appoggiò la provetta al portaprovette davanti a lui. «Santo Dio, spiegami questo a cosa serve.»Lanciò un'occhiata obliqua al verde del pigmento, sedendosi poco dopo. Tenendo il viso sul pugno della mano si voltò verso la finestra, il colletto della sua camicia a tendersi. «Dove sono finiti?»

Emeline si appoggiò al ripiano vicino al muro. «Non ne ho idea.» Poi li vide: erano andati ad infastidire un altro gruppo.

«A volte mi sembra che gli unici sensati in questo corso siamo noi due» fece Julius.

«Ora dovreste prendere il rettangolo di carta alla vostra sinistra, e col contagocce farvici cadere una sola goccia dell'estratto, nel punto delimitato dalla striscia rossa.» Montgomery girava lungo i tavoli. Ripeté più volte quella stessa raccomandazione, lo faceva ogni volta che si fermava da un gruppo, e matematicamente c'era sempre qualcuno tra gli studenti che, appena non era visto, alzava gli occhi al cielo.

«Sai, io preferisco di gran lunga Reid» disse Emeline.

«Eh?» Julius sembrò risvegliarsi dallo stato di sonnolenza in cui si trovava; alzò di poco il viso, liberando il palmo dal suo peso.

«Non puoi dire che non sia un bravo insegnante.»

«Non mi dice niente.» Era per via di un voto dell'esame di biologia; troppo basso per i criteri di Julius, Reid era rimasto inflessibile.

«E dai... ricordi quando al secondo anno portò in classe dell'acido solforico per farci vedere quella specie di processo geologico?»

Lui sbuffò una risatina. Al tempo non si conoscevano, -cosa incredibile. Come avevano fatto a non notarsi mai, per due anni, seguendo quasi tutti gli stessi corsi? Ad Emeline era dovuta servire una lezione di latino, per farglielo notare davvero- eppure condividevano le stesse assurde memorie degli anni prima.

«Quello è stato un bel colpo, lo ammetto.»

Poi entrambi concordarono sulla mediocrità di Montgomery.

«Un esperimento sulla cromatografia!» sibilò Julius, sdegnato, gli occhi lievemente sgranati e l'indice a indicare la provetta.

«Non credo ci sia nulla di più inutile.»Ruotò gli occhi in un freddo gesto infastidito, poi Emeline si mise a giocare con l'ampolla vuota davanti a lei.

Otto giorni si erano susseguiti senza Ezra; lui, che era partito per un viaggio improvviso e mal giustificato, aveva lasciato un sottile vuoto, echeggiante nelle mattine fredde e nei pomeriggi dorati dal Sole. Mancava vederlo stendersi sull'erba, ridere e mangiare caramelle all'orzo. Julius, che sembrava essere abituato a queste sue temporanee assenze, ne soffriva in silenzio; spedì una lettera all'indirizzo che Ezra gli aveva lasciato -lettera che firmò anche Emeline, ma che si scordò di leggere- e, sorprendentemente per il suo carattere, si limitò ad attendere il suo ritorno con la pazienza di un monaco. «Ezra ti ha più risposto?» chiese Emeline, mentre svuotava nel lavandino una delle provette.

Julius annuì. «È tornato ieri sera tardi.» Poi si fermò di colpo.

«Bastardo!»

Si udì un boato di chiacchiere, un oh! collettivo che scemò completamente dopo qualche frazione di secondo. Julius si voltò di scatto, il braccio appoggiato allo schienale della sedia, Emeline puntò subito lo sguardo verso il tavolo vicino al loro. Uno dei due ragazzi del loro gruppo teneva tra le mani una provetta vuota, il suo contenuto riverso sull'uniforme di un altro studente, che Emeline riconobbe subito come quello con cui Julius aveva avuto un rapido diverbio il giorno dell'esame di latino.La sua camicia e i pantaloni erano ora di un verde acceso, macchiati in maniera indelebile, e l'altro ridacchiava senza ritegno.

Il silenzio era assoluto, ma quando anche Julius si accorse della vittima di quel brutale scherzo scoppiò in una risata contagiosa e divertita, fortissima e sprezzante come quella di un ragazzino. «A questo punto i vostri vestiti dovrebbero aver assunto il colore della foglia, ovvero un bel verde scuro» sussurrò, e prese a ridere ancora più forte.

«Cosa sta succedendo?» fece Montgomery, e quando vide la scena rimase impassibile, troppo sconcertato per dire qualcosa. Si passò una mano sul viso, l'altra a premere il fianco. «Credevo che foste maturi!» esclamò, in un impeto di frustrazione.«Siete in una rinomata scuola scientifica, per Dio! Al terzo anno! Come vi permettete?»Poi sembrò accorgersi delle risate di Julius. Emeline, dietro di lui, gli faceva segno di stare zitto, mentre tratteneva le risate.

«Lo trovate così divertente?» lo interrogò Montgomery, furioso nel suo completo a scacchi.

Julius, con una notevole forza d'autocontrollo, si fece di nuovo serio. Con gli occhi umidi di lacrime e le labbra tremanti, scosse la testa. «No, affatto» disse, ed Emeline si voltò sperando di non essere colta in una risata.

«Allora spiegatemi perché ridete!»

«Non arrabbiatevi per questo, vi prego»dichiarò allora lui, sotto lo sguardo d'odio dell'altro ragazzo. «Ma è che lo trovo davvero un bel parallelismo con qualcosa che mi è successo tempo fa.»

Montgomery, confuso, pareva sul punto di sbottare di nuovo con un monologo sulla loro scarsa maturità del gruppo, quando:«Scusate» disse una voce, flebile oltre la porta d'ingresso, e tutti si voltarono.

La porta era appena accostata, e la metà di una figura sbucava, in attesa del permesso d'entrare. Alta, sottile come l'illustrazione di un'enciclopedia; capelli biondi mossi dagli spifferi, ciocche che più volte vennero scostate dal viso. Teneva una mano a tamburellare sull'anta della porta, la tenne finché non si decise ad entrare senza permesso.«Scusate, ho dimenticato qui un mio libro.»

«Questo non è il momento!» gli gridò contro Montgomery, sprezzante senza alcun motivo apparente.

Ezra sbiancò di colpo, portando le mani in avanti, sorpreso. Si guardò intorno, alla ricerca d'occhi familiari. «Mi scusi» sibilò, prima di richiudere la porta.

Calò di nuovo il silenzio; Julius era ritornato inespressivo, e ad Emeline sembrò quasi che nel suo sguardo fosse comparso uno strano lampo risentito, come d'allarme. Si sistemò la giacca e lanciò un'occhiata al professore.

«Ringraziate che non abitate al Dormitorio, o sareste tutti a pulirne i pavimenti, a quest'ora!»La voce di Montgomery venne sovrastata dai rintocchi della campana di fine lezione.

«Posso sapere che cosa è successo?» Ezra si staccò dal muro, venendo loro incontro a braccia aperte. Scambiò un breve e forte abbraccio con Julius, ad Emeline lasciò un veloce bacio sulla guancia. Ritornava quel giorno da una settimana a Glasgow, dove diceva d'aver soggiorna-to da quel suo zio che l'aveva cresciuto -meglio dei suoi genitori, come gli era sfuggito una sera-.

Quella settimana Emeline era restata alla Tenuta e Julius a Blackcurrant, e, a parte un tè a casa del secondo, non si erano quasi mai visti al di fuori delle mura della Vaas. Ma avevano passato molto tempo nelle sue biblioteche, davanti a quei libri che Emeline ancora non era riuscita a decifrare, seguendo l'impossibile promessa che Ezra gli aveva lasciato prima di partire: gettare le basi per il percorso che avrebbero dovuto seguire.

«Oh, nulla di che. Montgomery che rimane deluso dalla nostra immaturità. Com'è andata nella piccola valle verde?» chiese Julius, mentre tra le mani sfogliava il libro che l'altro aveva dimenticato in laboratorio.

«Come al solito. Colazioni in città e nuovi vestiti. Lì fa già un discreto freddo, più che qui.»

Julius annuì. «Mh-hm» mormorò, mentre leggeva una pagina di fitto latino.

«Ora puoi anche ridarmelo, sai.»Ezra incrociò le braccia, quasi divertito.

«Sei riuscito a capirlo?»

«Il necessario. È un latino semplice, simile quasi all'italiano.»

«Ho notato. Di chi è? In copertina non c'è scritto.»

«Bernardo da Treviso. L'ho trovato in una biblioteca di Glasgow. Sapete la sua storia?»

«No» disse Emeline, avvicinandosi a Julius. Lui si limitò a scuotere di poco la testa, mentre continuava a leggere.

Ezra abbozzò un sorriso, poi si voltò di scatto. Un gruppo di studenti del primo anno passò loro vicino. Parlavano a voce molto alta, e le loro risate erano simili agli schiamazzi di tante allegre cornacchie; discutevano su un certo esame di anatomia generale, che sembrava preoccuparli parecchio. Ezra li seguì con lo sguardo, gli occhi attenti. Sembrava essere in ascolto, affascinato da quella visione; stava fermo, ma il suo busto si era lievemente sporto verso di loro, quasi bramasse inconsapevolmente di far parte anche lui di quello stormo chiacchierante. Sia Julius che Emeline sapevano che l'unica materia in cui Ezra fosse stato mai bocciato era stata proprio anatomia; il primo anno, all'esame, aveva ricevuto un voto bassissimo. Julius giistificava il tutto incolpando l'ansia, Ezra non si giustificava affatto, tuttavia era scontato che non gli facesse piacere parlare della cosa. «Soprattutto vista la professione di suo padre» le aveva detto Julius.

Il gruppo scomparve dietro l'angolo del muro. Ezra si voltò di nuovo verso la finestra, luminoso e con un rinnovato sorriso ad arricciargli gli angoli degli occhi. «Venite alla Cattedrale. Non c'è nessuno a controllare l'entrata, adesso.»

Effettivamente nessuno li aspettava, dall'alto e stretto portone di legno della Cattedrale. Squisitamente medievale, restaurato da poco con cardini e rifiniture d'un acciaio lucido contro il vecchio del cedro, il portone cigolò quando Ezra lo spinse senza grazia, tenendolo quando Emeline e Julius entrarono.

Non aveva mai visto l'interno della Cattedrale, ma non deluse le aspettative gotiche e sacre che Emeline si era fatta a riguardo.

L'entrata, divisa in tre strette navate dagli alti soffitti -sottili come ostie, intarsiati come gioielli bizantini-, si dipanava all'infinito fino a un vecchio coro adibito a centralino, al momento vuoto.

Le finestre, geometriche e appuntite, componevano una scacchiera immaginaria e colorata, attraverso la quale la luce si mostrava densa e attutita, bagliori profondi e cupi come riflessi di rubini e topazi e zaffiri grezzi.

Passi si udivano calpestare i pavimenti dei matronei laterali, tetri e poco illuminati; gli studenti che li percorrevano assumevano un'essenza evanescente, divenendo quasi della stessa sostanza fragile della polvere. Emeline alzò lo sguardo verso il matroneo, osservando il fruscio di un mantello sfuggire dall'ombra. Sopra di lei una selva di volte si dipanava immobile e intricata.

«Di qua.» Ezra, sicuro nel suo tragitto, svoltò bruscamente verso una porta di legno nascosta sotto al porticato di sinistra. Era socchiusa, ma lui la spalancò comunque con vigore lasciando passare gli altri due, per poi richiudersela alle spalle.

«Bernardo da Treviso fu un alchimista italiano.» Iniziò, mentre saliva il primo scalino della lunga scala a chiocciola. Era tremendamente buio, ed Emeline sentì Julius imprecare un paio di volte, spaventato d'inciampare.

«Nato da una famiglia discretamente ricca, il padre medico lo istruì alle scienze della biologia e della chimica, dandogli i primi rudimenti. In seguito scelse il percorso alchemico, seguendo maestri come Geber e Alberto Magno.»

«Geber» soffiò Julius. «Il ponte tra alchimia e chimica.»

«E il più grande alchimista medievale.» Ezra continuava a salire, in quella che sembrava una spirale infinita.

Iniziava a sentire un lieve giramento alla testa, ma Emeline non ci fece caso; era quasi piacevole, quell'infinito cerchio, quegli scalini che sembravano moltiplicarsi dal nulla, quella perfetta rotazione dei muri, quasi lei stesse girando insieme a una ruota di mulino.

«Bernando aveva come unico scopo di vita la ricerca della pietra filosofale» continuò Ezra, la voce rotta da qualche breve affanno. «E girò le corti di quasi tutti i reali d'Europa. Venne anche qui in Scozia. Fu truffato diverse volte, tra cui da un tedesco che si professava gran maestro dell'ermetismo. Ma non smise mai di abbandonare le ricerche, non perse mai la fede in ciò che faceva, anche quando iniziò ad invecchiare e a trovarsi senza più un patrimonio.»

«Potresti benissimo finire così» sbuffò Julius, annaspando tra uno scalino e l'altro. «Ti ci vedo.»

«Non posso perdere un patrimonio che non ho» disse lui, ed entrambi risero.

«Cosa successe, dopo?» chiese Emeline, senza tono, in semplice attesa di risposte.

«Si diceva che un maestro religioso, che viveva in un monastero lontano dal mondo, fosse riuscito a svelare l'arcano della vita eterna. Così Bernardo, nonostante fosse ormai vecchio, decise di farsi suo adepto.» La sua voce, che era stata fioca e quasi cantilenante fino ad allora, si fletté in un nuovo tono, dolcemente teatrale. «Ma quando Bernardo chiese al maestro quale fosse la verità riguardo la vita eterna, egli gli rispose: "Sciocco!

L'ultimo segreto della scienza ermetica non è altro che la frode!"»

Uno spiraglio di luce esterna sbucò da oltre il muro, segnando la fine delle scale. Ezra saltò con agilità gli ultimi due scalini, poi aspettò gli altro oscillando da un piede all'altro.

«Dio, siamo riusciti a riveder le stelle, finalmente?» Julius, ansimante, sembrava aver sofferto la salita ancora più di Ezra. Lui si era già diretto verso il corridoio, passando da lampada a lampada per illuminarle una ad una. Il primo piano affacciava da un lato verso l'entrata, con un sottile balcone che mostrava, dall'alto, il piano inferiore, e dall'altro dava sul cortile, ormai vuoto a quell'ora. Regnava una quiete serale assoluta, rotta solo dagli scricchiolii che le assi di legno producevano sotto il peso dei passi.

Ezra si diresse verso una delle ultime porte. Tirò fuori dalla tasca un piccolo mazzo di chiavi, e ne scelse una d'ottone. «Venite» disse poi, mentre la faceva scattare nella serratura e apriva la porta.

«Meglio di Blackcurrant» ironizzò, lanciando uno sguardo a Julius. Lui ridacchiò con poco umorismo, facendo roteare gli occhi.

Era una stanza estremamente piccola, del tipo che ci si potrebbe aspettare in un collegio; severa, stretta verso una finestra rettangolare dai vetri appannati di condensa, l'unica cosa che la salvava dal renderla anonima era il fatto che appartenesse ad Ezra; e lui, incapace di nascondere i suoi interessi perfino a quell'arida stanza, l'aveva trasformata nel suo improvvisato studio di lavoro. Difatti, quando Emeline oltrepassò la soglia, pensò subito a quel posto come a una di quelle piccole serre che andavano di moda qualche anno prima: di quelle contenute in una stanza, piene di vasi e piante dalle fronde ombrose, solo più disordinata. Il letto, dalla struttura d'acciaio, stava relegato in fondo alla stanza, contro il muro. Sopra di lui una sottile serie di mensole era abitata da spessi tomi -Aristotele, Parmenide, Epicuro- misti a vasi di rampicanti cadenti, che pendevano contro i bordi del letto come una naturale tenda di germogli. La scrivania era occupata da provette contenenti fiori secchi, libri dalle raffinate illustrazioni botaniche e dai lunghi titoli -bulbi e altri organi sotterranei di immagazzinamento, gimnosperme: conifere e affini; angiosperme: piante da fiore-, e una serie di lettere non aperte.

Sebbene anche la sua stanza fosse in disordine, era qualcosa di completamente diverso da quella di Julius; quasi volesse essere così, volesse mostrarsi studiatamente confusionaria, e ci fosse una programmazione ben precisa dietro a tutte quelle piante, a quel verde e a quei libri aperti.

«Non ho nulla da mangiare, scusatemi.»

«Fa niente» Julius si avvicinò alla scrivania, aprendo a colpo sicuro il secondo cassetto di destra. Ne tirò fuori uno scolorito pacchetto di caramelle all'arancia. Lo fece tintinnare con allegria. «Mi accontenterò di queste.» Poi le offrì ad Emeline.

«Quindi il vero segreto dell'ermetismo è la truffa?» Lei, appoggiata al bordo della finestra, stava osservando lo stelo di una rampicante caderle lungo la stoffa della gonna.

Ezra si voltò, tra le dita il pacchetto di caramelle. «Assolutamente no.»

Julius si buttò sul letto con uno sbuffo.«Cristo, quanto sono scomodi i letti della Cattedrale!»

«Emeline, hai presente il canto ventinove dell'Inferno?» chiese Ezra, incrociando le braccia.

Lei roteò poco gli occhi, cercando di ricordare. «Il canto dei falsari.»

«Esatto. Nella decima Bolgia si trovano i falsari. Dante li divide in quattro tipi: i falsari di persona, di moneta, di parola, e gli alchimisti. Ai tempi della Commedia l'alchimia aveva un'importanza totalmente diversa da quella che assume oggi, ed era considerata una scienza lecita. Dante condanna quella branca della disciplina che veniva detta sofistica. L'alchimia sofistica, l'alchimia falsa, quella, appunto, in cui si utilizzavano frodi e inganni per dimostrare la trasmutazione dei metalli. Ricordi qual era la pena per i falsari?»

«Erano corrotti nel fisico» disse allora lei, tetra. «Colpiti da lebbra e altre malattie. Giacevano sul fondo della bolgia e cercavano di sostenersi l'un l'altro.»

Julius emise una risatina. «Se devo andare all'Inferno preferisco che non sia perché ho cercato di cavare oro dall'argilla.»

«Sono indeboliti dalla malattia, tormentati dai pruriti atroci della scabbia, e credo sia un contrappasso lecito. Hanno tentato di snaturare i metalli in vita, il loro corpo viene snaturato dopo la morte» Ezra si sedette sul bordo del letto. «C'è sempre, in qualunque disciplina, una sfaccettatura sbagliata o opportunistica. Nell'alchimia è la falsificazione. Ma di per sé la scienza esoterica è più celata e meno accessibile delle altre, perciò è più difficile comprendere quando si è di fronte alla sua gemella sofistica o meno. Molti, moltissimi alchimisti medievali si sono spacciati per tali, sono stati presentati a corti europee di ogni genere, hanno stupito pubblichi interi con le loro trasformazioni, quando in realtà erano semplici falsari, e la loro meraviglia consisteva soltanto in qualche reazione ben bilanciata e un po' di pirite. Questi individui erano considerati alla stregua dei veri alchimisti, quelli che ricercavano il vero fine alchemico. Eppure erano fatti di una sostanza imparagonabili alla loro.»

Julius lo guardava, mentre mordeva le pellicine dell'indice. Emeline prese una caramella dal pacchetto; era di un arancio intenso, simile all'ambra. Ricordava di aver letto in un libro della Faraday che la pietra filosofale dovesse avere un aspetto simile: cristallina, dal colore cupo e intenso, simile a una gemma rara.

«Quindi il monaco di Bernardo era un falsario.» Julius sgretolò tra i denti l'ultimo pezzo di caramella, poi sistemò un braccio dietro la testa.

Ezra annuì. «E credo lui lo avesse capito. Per questo non smise mai di ricercare la pietra filosofale. Per tutta la vita. Nel suo trattato più importante parla del suo viaggio alla ricerca della Grande Opera. "l'Io è ciò da cui bisogna partire" dice, riferendosi al percorso da intraprendere per dare inizio alle tre fasi di creazione.»

A quel punto Emeline si staccò dalla finestra. «Abbiamo fatto delle ricerche, in questi giorni»disse. «Ma è stato come se nessun libro volesse darci informazioni utili. Come se ci tenesse celata la verità.»Ricordava le frasi, talmente prive di senso che le parevano parole mischiate come in una strana partita a dadi. Julius a volte tornava sulla traduzione dei documenti di Ezra, ma quelli ogni giorno sembravano ancora più restii ad essere tradotti. Aveva smesso di provare a tradurre qualche giorno prima; Emeline, dal piano terra di Blackcurrant, lo aveva sentito strappar fogli per quello che le era sembrato un secolo intero. Quando poi era sceso per il tè aveva solo detto: «Credo che mi prenderò una pausa.»Ma con i tomi della biblioteca la situazione non era diversa. Tutto era troppo criptico; velato di una nebbia densa, protetto da mura solide come quelle che ammantavano quei castelli che, in campagna, si scorgevano sempre tra la foschia.

«Lo sospettavo» disse Ezra. «Anche per me è stato così. In questi giorni ho provato a documentarmi -la biblioteca di Glasgow fa impallidire la nostra- ma tutto mi è sempre parso troppo confuso... impossibile da capire, come leggere un dialogo di Platone a dieci anni.»Poi si alzò, rimase a pensare qualche secondo e si volse verso le mensole piene di libri. «Sappiamo che il percorso alchemico ha il fine di sconvolgere l'individuo, di riassestare la coscienza e di farla combaciare di nuovo con la Natura e il resto del mondo. Cos'altro?»

«Ci deve essere una crescita interna. Una specie di cancellazione dell'identità, una volontà di ripulirsi da ciò che è superfluo.»Julius si mise seduto a gambe incrociate, le mani a stringere lungo le caviglie.

«Esatto!» Ezra sorrise, saltando sul letto per raggiungere la mensola più alta.

«E poi? Cos'altro?»

«È... è necessario staccarsi dai sentimenti negativi, dalle pulsioni, da tutto ciò che non ci permette di ricongiungerci col nostro genio. Si deve costruire una connessione con il proprio nume.»

«Deus, ecce deus[1]» fece Julius, citando Virgilio.

Ezra rise: le sue risa sincere ed euforiche riecheggiarono tra le fronde delle piante. «Esatto, esatto» disse, per poi mormorare, mentre prendeva un libro.«Dio, siete davvero così sagaci!»

Julius ridacchiò, poi con un gesto deciso si alzò dal letto. Emeline si avvicinò ad Ezra, ma lui allontanò dal suo viso il libro, impedendole di leggere il titolo. «È vero, non sappiamo precisamente nessun procedimento, ma la storia di Bernardo mi ha fatto riflettere. "l'Io è ciò da cui bisogna partire". Bisogna indagare nell'Io, nell'anima razionale per potersi specchiare dentro. Bisogna ricercare l'essenziale, il vivere senza ingombri esterni, vivere secondo ragione, alla ricerca di un ricongiungimento con qualcosa di maggiore. Noi, che dal basso guardiamo sempre a qualcosa di più alto.»Strinse la spina del libro tra le dita, e lo voltò. Era un vecchio tomo delle Enneadi di Plotino.

«E chi ci parla di contatto con la coscienza, chi ci mostra i presupposti per quest'unione mistica meglio della filosofia?»

Capitolo 4

Magna promisisti

La pioggia batteva contro le lamine intarsiate delle finestre. Il rombare dell'acqua lungo la tettoia della cattedrale arrivava attutito nella sala da cena, quasi soppresso dal chiacchiericcio, udibile solo se vi si prestava attenzione. C'erano istanti in cui il vento soffiava più forte e le finestre, contro il peso delle gocce di pioggia, sembravano all'improvviso troppo deboli. In quei momenti calava una quiete nuova, attenta e un poco tesa. Poi tutto tornava come prima. Posate tintinnanti e risa limpide.

La sala da cena si trovava nell'ala ovest dell'edificio; sbucava senza preavviso dopo un lungo e stretto corridoio poco illuminato, dove l'acqua entrava dagli spifferi delle finestre e si aveva la costante paura di rimanere bloccati tra le pareti, tanto erano strette. Una volta salita la grande rampa di scale vicino al portavivante ci si trovava davanti a un salone dai soffitti a cassettoni, le finestre alte e i tavoli a scorrere senza fine ai lati dei muri; austero ma confortevole, si sviluppava in lunghezza procedendo all'infinito come un giardino alla francese, dando l'illusione di essersi privato dei propri confini. Quando non era abitato doveva incutere una certa soggezione, ma in quel momento era un nemico che aveva gettato le armi, ospitale ed accogliente, vivo di chiacchiere e sorrisi, di bicchieri che si scontravano e di visi allegri. Non erano in molti ad abitare la Cattedrale, -anche se quell'anno si erano aggiunti diversi studenti-, ma in quella sala le loro voci sembravano il coro per altre migliaia e migliaia di persone diverse, tanto era profondo l'eco.

Avevano lasciato la camera di Ezra dopo qualche ora spesa a leggere, a riporre libri e a ricominciare da capo. Aveva una libreria impressionante, per il poco spazio di cui poteva usufruire. Ma molti dei libri giacevano oltre la libreria; sui bordi del letto, per terra, a formare piccole torrette su cui sopra erano riposte altre cose, sulla finestra e a tappezzare la scrivania. C'era qualche camicia stesa sulla sedia, qualche cravatta lascia pendere sull'anta dell'armadio; Ezra all'improvviso si era girato e, di fronte alle occhiate di Emeline, aveva detto:«Sai, credo di avere una teoria. Che tutti coloro che hanno vissuto in un collegio da piccoli, da adulti siano diventati irrimediabilmente disordinati nei loro spazi personali. Come per una specie di ripicca.»

In quel momento Emeline guardò tutti gli studenti che aveva davanti, e si chiese se le parole di Ezra avessero davvero un fondamento di verità. Se valesse per tutti loro; se tutti quei ragazzi stessero attuando la loro personale vendetta contro quella vecchia disciplina.

«Sta ancora piovendo?» si lamentò Julius, guardando le gocce scorrere lungo una delle finestre.

Ezra si avvicinò all'entrata. «Sì, e molto. Resta a mangiare qui.»

Lui allungò gli angoli della bocca all'ingiù, guardandosi intorno. «Non so se posso.»

«Nessuno ti controllerà.»Poi si rivolse ad Emeline. «Lo stesso vale per te.»

Ma lei rise. «Di me credo si accorgerebbero» disse, leggera. Non voleva fargli pesare quell'errore grossolano, ma sorrise di fronte a Ezra e al suo poco prestare attenzione alla realtà.

Anche lui rise, in ritardo, prima di appoggiarsi all'uscio della sala. «Non importerebbe nulla a nessuno comunque. Qui amano mostrare una severità che non hanno.»

Emeline non era certa che fosse la completa verità; certo, sapeva quanto le regole fossero blande all'interno della Cattedrale -studenti che sgattaiolavano fuori di continuo, che portavano scotch e fumavano nelle loro stanze, che si riunivano in un'unica camera per giorni e che ospitavano amici di nascosto- sicuramente molto più superficialmente seguite che all'interno dell'Università, ma non era sicura che la sua presenza sarebbe passata inosservata come una sigaretta fumata dalla finestra o una bottiglia di scotch vuota davanti alla porta della cucina.

«Preferisco di no. Ma grazie lo stesso» ammise, ed Ezra inclinò la testa, prima di annuire.

«Come ti pare. Guarda che si mangia bene, comunque.»

Julius si era già diretto verso il tavolo. Alcuni ragazzi lo salutarono, sorpresi, lui si portò l'indice alle labbra in segno di silenzio.

«Non ne dubito.»

«Come farai con la pioggia?»

Lei mosse il mento verso l'esterno. «Ho l'ombrello, all'entrata.»

«Ah» fece Ezra, comprensivo. «Voi scozzesi non vi fate mai trovare impreparati.»

«Non possiamo.»Poi scese qualche gradino. «Posso tenerlo per una sera?» chiese, mostrando il libro che stringeva tra le dita.

Ezra scrollò le spalle. «L'ho già letto due volte. Per quello che ci serve, credo di sapere già abbastanza su Plotino.»

Emeline abbozzò a un sorriso, poi arrivò alla fine della rampa di scale. Il contenuto della finestra le si rifletteva in viso; lei era immobile nel buio del torrione, illuminata di un blu profondo, mentre le ombre della pioggia le scendevano lungo le guance. «Sai, non sono stata molte volte a Glasgow.»

«Come?»

«No. Solo quando ero più piccola. Ma credo mi piacerebbe tornarci. Come hai detto che si chiama, quel tuo
zio?»In realtà non aveva mai fatto il suo nome. Julius lo
chiamava Banquo, definendolo un fantasma che ogni
tanto appariva, il cui nome veniva ricordato durante le
cene.

«Arthur» disse lui. Poi si voltò verso la sala; Julius dovette
dirgli qualcosa, perché lui annuì e fece un veloce gesto
con la mano.

«Ti lascio andare» fece Emeline. «Me ne vado, prima
di incontrare qualche fantasma.»Si diede un'occhiata in
giro: il pensiero di tornare all'entrata da sola le infonde-
va un vago senso d'angoscia.

Ezra scoppiò a ridere. «Attenta alle figure dai matronei.»

«Non vorrei mai trovarmi davanti una Maria Stuarda
decapitata.»

«Oh!» esclamò Ezra, scacciando l'aria con una mano.
«Non siamo così importanti per avere la Regina con
noi.» Poi alzò lo sguardo verso i tavoli. «Stanno serven-
do il primo. Devo andare.»La salutò con un prolungato
gesto della mano. Quando il suo viso scomparve dietro
l'arcata di pietra della porta, il suo palmo rimase ancora

visibile, aperto, le dita magre mosse da un saluto silenzioso.

«Unione mistica.»

Il castello di Edimburgo si vedeva appena, dietro la nebbia, posato sulla punta del colle come una corona. Le sue mura scendevano lungo le pendici della collina, simili a bisce, sottili e scure, s'intravedevano tra la foschia a tratti.

Riposavano sotto l'ombra di una quercia dal tronco spesso; vicino a loro le persone camminavano, in un flusso continuo. La Chiesa di St. Cuthbert's Parish sbucava da oltre le chiome degli abeti, grigia e malinconica come sempre. Le lapidi, nel cimitero che l'affiancava, si lasciavano sommergere da rampicanti dalle foglie brillanti senza ribellarsi.

«Unione?» fece Julius.

«Esattamente.»

«Mistica?»

Ezra alzò gli occhi al cielo, sorridente. «So che il termine in sé possa creare diverse perplessità. Ma pensateci bene. Ekstatis. È il trovarsi fuori da sé. L'uscire dal proprio Io.»

Julius non disse nulla, ma sgranò appena gli occhi, mentre si voltava verso il cimitero e mordeva la sua mela, crucciato.

«Stiamo parlando di ricongiungimento con la divinità, giusto?» Emeline, appoggiata alla corteccia della quercia, stava immobile a prendere vento. I suoi capelli si muovevano placidi sotto la spinta dell'aria, e la sua gonna, sparsa come un'onda salmastra su quella riva d'erba, sembrava seguire un ritmo ben preciso nel suo oscillare.

Ezra inclinò la testa. «Sì, diciamo. Ricongiungersi e unirsi, è questo il punto.»Davanti al silenzio degli altri, riprese a parlare. «L'idea plotiniana si basa sulla credenza che esista l'Uno. Entità immutabile, eterna, perfetta. Che vive nell'intellegibile.»

«Le idee di Platone, quindi.»

«È proprio questo. Plotino deve molto a Platone. Non a caso il suo lavoro era quello di esegesi sugli scritti di Platone. Esegesi: rendere esplicito ciò che è implicito.»

«Ciò che stiamo facendo noi.»

Ezra annuì. «Il problema, il fulcro, è che Plotino crede-va che non solo si potesse raggiungere questo mon-do intellegibile e perfetto, ma che si potesse diventare tutt'uno con esso.»

«Non è qualcosa di prettamente cristiano?»indagò Julius, sdraiandosi vicino ad Emeline.

Ezra mostrò i denti in un'espressione contrariata. «Non dirlo mai davanti a chi apprezza davvero la filosofia. Togliti dalla testa quest'idea che Plotino possa aver soltanto associato le sue idee alla Cristianità. So che molti hanno una visione del genere sulla questione, ma non dar loro ascolto.»

«Il nostro professore del collegio diceva esattamente così.»

«Oh, Cristo» fece allora lui.«Dimentica ogni cosa che hai imparato in quel collegio!»

Emeline sbuffò una risata. «È vero. Plotino aveva una visione totalmente pagana della ricongiunzione con la divinità. Ciò che chiama Dio non è altro che l'entità divina in generale. I termini che usa sono forti: si parla di perdere la propria identità, perdere se stessi. Con l'avvento della cristianità la fede non viene percepita secondo certi termini. L'uomo non potrà mai del tutto combaciare con il divino. Dovrà sempre essere uno scalino più in basso. Mentre con Plotino... ecco per lui si può...»

«Coincidere con Dio.» Ezra si voltò verso il cimitero, osservando le gazze ladre mordere l'erba cresciuta sulle lapidi.

«Diventare Dio?» Julius guardò entrambi, con uno strano sguardo brillante e perplesso.

Ezra scrollò le spalle. Se è così che la vuoi mettere, sembrava dire, mentre strappava un soffione da terra. «Ma non è questo che ci interessa, non propriamente. Per quello che ci riguarda, dovremmo essere in grado di ritrovare la via che porta all'Io, alla Natura -che in filosofia può essere sinonimo di Dio-, e Plotino sembra aver trovato il modo.»

A quel punto Emeline prese una mela dal cesto di vimini, le diede un morso e sorrise. «Ma non l'ha tramandato.»

Ezra alzò un sopracciglio, sorpreso. «No. Porfirio ci dice che Plotino si sia ricongiunto con l'Uno ben quattro volte, ma non ha mai lasciato alcuna testimonianza scritta. Perché secondo il neoplatonismo l'unione è qualcosa di ineffabile. Di impossibile da descrivere o dimostrare. Plotino cerca di spiegarla tramite metafore; nell'unione si deve abbandonare la propria individualità... si attua una specie di ricomposizione del tutto -l'Io-nell'unità. Ma è tutto qui. Non c'è nulla di certo, sono solo semplici speculazioni filosofiche.»

Julius ridacchiò, irritato. «Allora mi spieghi perché mi ha fatto leggere tutti quei commenti alle opere plotiniane? Magna promisisti, exigua video[1].» Ezra lo aveva portato in biblioteca con la promessa di farsi rispiegare qualcosa su Orazio, ma ne era uscito a tradimento con tre o quattro volumetti di critica alla filosofia neoplatonica.

«Perché» Ezra si morse l'interno della guancia, frustrato, come se non capisse cosa ci fosse di così tanto difficile da comprendere. «Perché Plotino è la base. Senza la sua teoria sull'estasi mistica non saremmo mai potuti arrivare al pensiero di Proclo.»

«Neoplatonismo ateniese» mormorò Emeline, con un vago tono interrogativo.

Ezra mosse di poco il mento. «È lui che sviluppa l'idea di teurgia legata all'estasi.»

Julius, il capo steso sul ginocchio di Emeline, si mosse di colpo. «Oh, mio Dio! Teurgia? Vuoi dirmi che ci rinchiuderemo in grotte a emettere sentenze sibilline?»

«Gli oracoli sono una cosa diversa, scemo!»sputò Ezra, infastidito.

Julius rise. «Credi che sia solo un ignorante a proposito, ma so benissimo qual è la differenza; negli oracoli il contatto con il dio era spontaneo. Nella teurgia è l'uomo a richiederlo. La teurgia è l'arte dei Misteri.»

«Iniziatici?» chiese Emeline, mentre lasciava che Julius si risistemasse sul bordo del suo vestito.

«Esatto» fece lui. «Eleusini, bacchici... si attua attraverso precise cerimonie, simboli, analogie... tutta una questione di simpatie tra le cose sensibili.» Poi si voltò verso Ezra, che era rimasto in silenzio. «Questo è il mio campo, permetti?» chiese, sardonico. E lui lo lasciò fare.

Allora Julius incrociò le gambe, sistemandosi sul posto e staccando un piccolo grappolo dall'uva. «La teurgia consiste nell'evocazione della divinità. Si cerca prevalentemente di manipolare determinati materiali per mettere in contatto il teurgo con la divinità.»Mangiò qualche chicco d'uva. «L'efficacia del rito dipende dalla sospensione della razionalità. Ciò consente l'elevamento a stati più alti della coscienza, stati che permettono di congiungersi infine con quello divino.»Schiacciava i chicchi tra i denti, e nel silenzio del parco il loro scoppio risuonava in un suono sordo e cupo. «Teurgia, in semplice, sta quindi a significare l'agire come un Dio. Aiutare gli uomini ad elevarsi a quello status divino che ricercano.»

Ezra si sedette a gambe incrociate. «E ciò avviene solo con l'unione mistica. È per questo che necessiatiamo prima di conoscere Plotino per capire Proclo. La sua è una visione diversa da quella del maestro, ma tuttavia simile, vicina, come una continuazione evoluta dello stesso pensiero. Ciò che serve a noi, che serve al nostro scopo, è ricercare l'oggetto sensibile che possa metterci in contatto con ciò che stiamo cercando. Ed è vero che non si parla di divinità, -come potrebbe esserlo? Non siamo alla ricerca di rivelazioni profetiche- tanto quanto di un'entità superiore, che identifichiamo con il nostro personale Dio. È vero, i greci facevano tutto in funzione della religione, ma se queste filosofie, questi riti potessero funzionare anche davanti a qualcosa di diverso? Se il dio che cerchiamo, se il nostro Uno fosse dentro di noi? So che sembra stupido, ma credo sia così. Sì, credo che in fondo Plotino possa aver tralasciato l'idea che forse Uno e Io si trovino nello stesso luogo; e noi adesso viviamo nell'Io, e l'Io soffoca l'Uno come una pianta infestante. Per risvegliarlo è necessario perderci nello spazio vuoto che li divide. E una volta staccati dall'Io non abbiamo bisogno di elevarci, di andare in alto, ma di ricercare solo più a fondo in noi stessi. Avremo il contatto con il divino, attueremo la nostra teurgia, ma per farlo dovremmo solo servirci della nostra interiorità.»

Calò il silenzio. Ezra sbuffò fuori l'aria, riprendendo fiato d'un colpo. Julius schiacciò tra i denti l'ultimo chicco d'uva.

«L'oggetto sensibile siamo noi. Il tramite.»Emeline inspirò, tesa. Tutto le sembrava all'improvviso distante e sbagliato. Il cinguettare delle tortore pareva troppo attutito, e il suono delle voci dei passanti era come il gorgoglio di un ruscello: sottomesso dagli altri suoni, incomprensibile.

«Il tramite per il contatto, sì. Credo di sì. Dobbiamo solo... solo riuscire a staccarci dal guscio in cui siamo vissuti finora. Anche solo per un attimo. Basterà quello, basterà un secondo in cui ci ricongiungeremo con l'Ineffabile... credo basterà.»Ezra si sdraiò, e prese ad osservare l'albero sopra di loro.

«Come sei arrivato a tutta questa conclusione?» domandò Julius, incerto.

Ezra scosse la testa. «Non ne ho idea. All'improvviso mi è semplicemente parsa quella più ragionevole.»

Allora Emeline si alzò, pulendosi la gonna dalla polvere. «Ascolta, Ezra, io mi fido di te» disse, ferma. «Ma so che hai già programmato tutto, nella tua testa.»A volte lo osservava e si chiedeva cosa gli passasse per la mente. Erano i momenti più strani in cui se lo chiedeva: quando lo vedeva percorrere i corridoi della Vaas, quando leggeva Shakespeare sotto al portico, quando beveva caffè la mattina. Ma era sempre stata convinta che Ezra non perdesse nemmeno un secondo a non pensare. Un ciclo continuo e infinito. E sapeva di averlo intuito così bene perché era una sensazione familiare, quella dell'impossibilità di fermare i pensieri. Con Julius era diverso: a volte credeva che lo facesse a posta, a non pensare. Come se si vietasse di farlo. Ma persone come Ezrapersone come lei-, non sembravano avere quell'abilità. «Come hai intenzione di farci perdere coscienza?»

Julius si voltò verso entrambi, come se avesse colto l'antifona.

Ezra guardava a terra, quasi aspettasse di cogliere un fiore nel suo sbocciare. «La Pizia mangiava alloro, per mettersi in contatto con Apollo. Julius, dimmi se sbaglio.»

«È giusto» asserì lui, immobile.

«Ci sono molti modi per perdere coscienza, ma pochi che usavano gli Antichi. Certo, potremmo provare con l'alcol, ma non credo vorremmo trovarci a compiere un Baccanale.»

«A meno che tu non voglia fare un rito orgiastico nel bosco della Vaas, direi di no»lo punse Emeline, e Julius si portò la mano alla fronte.

«No, i riti bacchici sono da escludersi. Ma pensateci. Oltre all'alcol...» Ezra si fermò.

«Oh, no!» Julius sgranò gli occhi, come se per un momento avesse letto nella mente dell'altro, e ciò di appreso non gli fosse piaciuto affatto. «No, Ezra, sei un folle!»

«Piante.» Emeline guardò Ezra, lui di rimandò le rispedì indietro l'occhiata. «Sai come accedere all'erbario della Vaas?»chiese solo lei, il vento a scuoterle le punte dei capelli.

Lui annuì. «Certo.» E mostrò un mazzo di chiavi.

Capitolo 5

Fides

Il primo anno alla Vaas, a inizio semestre, tutti si erano trovati davanti a quella che in seguito sarebbe stata ribattezzata la "Romeo nell'erbario": uno studente era stato trovato morto nell'erbario della scuola, e si diceva si fosse avvelenato con lo stesso veleno che aveva usato il Romeo di Shakespeare negli atti finali. L'università aveva chiuso per due settimane, mentre la polizia indagava nei pressi del college, gli uomini in divisa scura a muoversi lungo le pendici delle colline come tanti pellegrini senza meta. I genitori del ragazzo -facoltosi inglesi- giuravano di voler fare causa all'istituzione, di farla chiudere, ma tutti sapevano che non avrebbero mai ottenuto nulla del genere. Quell'anno, più di quelli prima, la Vaas sembrava gioiosa e divertita come non lo era stata mai; con le sue porte cigolanti e i suoi spifferi taglienti dava l'impressione di voler schernire chiunque la minacciasse di raderla al suolo, di buttare a terra le sue fondamenta.

Quello era stato l'unico -si diceva- incidente che l'università avesse mai dovuto affrontare, e dopo qualche tempo si risolse con davvero pochi elementi: uno studente suicida, le chiavi dell'erbario mal custodite, la promessa solenne del preside che nulla del genere sarebbe mai successo di nuovo. Tutte le piante, gli estratti e i sieri vennero spostati in un'altra struttura, le cui chiavi erano nelle sole mani del custode della Cattedrale. Il suddetto custode, -un tipo di Dunbar piuttosto alto e magro, con una considerevole dipendenza oppiacea- si era rivelato piacevolmente incline alla collaborazione quando Ezra gli aveva proposto le chiavi dell'erbario in cambio di semi immaturi di papavero. Allora lui, accondiscendente, gli aveva lasciato le chiavi appena la Cattedrale era diventata quieta e buia, pregna di silenzio e sogni.

«Vi prego, che qualcuno si ricordi quei maledetti semi» fece Julius, mentre scavalcava la recinzione di legno marcito del cortile esterno, e tuffava le scarpe nell'erba alta. «Non voglio essere messo di mezzo solo perché qualcuno non mantiene le promesse.»Le gramigne gli pizzicavano le caviglie, la Luna splendeva dietro di lui come l'onirico sfondo di un film di Méliès; con un salto atterrò sul vialetto di pietra che portava all'erbario. «Ti muovi, Ezra?»

Lui si sistemò i vestiti: l'ultimo del gruppo, si avvicinò a Emeline con un balzo. «Sinceramente, non so nemmeno se nell'erbario ce ne siano, di semi di papavero. E lui non si ricorderà che me li ha chiesti.»

Emeline si voltò verso l'università: vista nel buio intenso delle prime ore della notte non sembrava più tanto bella e malinconica come l'aveva sempre trovata. C'era qualcosa, nel nero del cielo, che sembrava distorcerne i contorni fino a renderla irriconoscibile; qualcosa che la faceva brillare di una luce più cupa, ridere di una riso privo di umorismo. Ed ecco che all'improvviso le guglie apparivano più appuntite, e terribilmente oblunghe; che il parco, di giorno splendido e luminoso, si perdeva nei boschi vicini fino a farne parte, scuro e ammassato d'alberi, sbagliato nell'acume dei suoi tratti.

«Emeline» Ezra la richiamò, il fumo sottile di una sigaretta appena accesa a vorticargli attorno. «Attenta.» Vicino alle sue scarpe si stagliava una pozza d'acqua profonda:

un breve stagno più simile a uno specchio, che li rifletteva vicini e distorti dall'incresparsi dell'acqua.

«Potete sbrigarvi, per favore?» chiese Julius, spazientito.«Qui non si vede nulla.»

Ezra gli si avvicinò. Si sussurrarono qualcosa brevemente, prima di aprire insieme la porta. Julius le fece cenno di raggiungerli, ed Emeline mosse i primi passi verso l'erbario. Dietro di lei, la Vaas rimaneva immobile.

Era un luogo piccolo, più piccolo di quanto si fossero immaginati; mensole su mensole si susseguivano ai muri fino a farli soffocare, nascondendoli sotto il loro legno. Boccette, contenitori, vasi si intercambiavano come tessere del domino, ognuna con il proprio, ben marcato cartellino riconoscitivo. Le piante, lucide e umide, giacevano contro i vetri appannati dalla condensa.

«Quanto mi era mancato!» esclamò Ezra, gettando il collo all'indietro, assaporando l'aria speziata della stanza. I profumi si susseguivano, si miscelavano, e crevano l'inconfondibile odore dell'erbario: un'essenza pungente e densa, che ricordava le gite in montagna e le passeggiate nei sottoboschi; l'aroma dei giardini di primavera e degli alberi d'autunno. «Voi non potete saperlo, -l'anno in cui siete entrati avevano già proibito l'accesso agli studenti- ma a volte ci riunivamo, noi del primo anno, e ci chiudevamo qua dentro per delle ore.»

Julius si guardava intorno, gli occhi aperti e attenti a vagare ovunque. «Non credo di voler sapere perché.»

«Quanto sei stupido.» Ezra gli colpì lo stinco con la punta delle scarpe. «No, amavamo semplicemente come si stava qui. Questo posto, queste piante, hanno qualcosa di tremendamente rilassante.»

«Quindi è ciò che faremo? Stare qua e basta?»Emeline si appoggiò al bordo dal tavolo da lavoro. Qualcuno aveva lasciato lì sopra una boccetta di timo. Le sembrò improvvisamente di essere in uno di quei racconti medievali, quelli con conventi e monaci che preparano veleni nei loro laboratori.

Ezra scoppiò a ridere. «No... no. Per quanto questo posto possa essere fuori dalla realtà, non è abbastanza per i nostri scopi.»

Si sentì uno strappo proveniente dal fondo della stanza. Julius aveva reciso un ramo, e lo stava modellando in un cerchio. «Eccomi a Tebe: sono il figlio di Zeus, Dioniso!» esclamò, cingendosi il capo d'edera. Se non fosse stato per l'uniforme della Vaas, sarebbe addirittura riuscito a riflettere una somiglianza, ma con quel suo completo di tweed e il mantello a oscillargli lungo i polpacci pareva solo un semplice invasato dal dio stesso. «Non dirmi che vuoi far usare anche a noi semi e cose varie.»

«Non semi. Quelli ci causerebbero solo una brutta dipendenza.» Ezra si alzò, spostando Julius e dirigendosi verso una delle mensole più lontane. Smosse molti barattoli, appoggiandoli ditrattamente dietro di sé, prima di trovare quello giusto. «Conoscete l'aconito, giusto?»

Emeline annuì, senza espressione. «Le radici vengono usate in medicina. Proprietà sedative, antinevralgiche, analgesiche. Ma è anche molto velenosa. Colpa dell'aconitina.»

«Mh-hm» Ezra appoggiò il barattolo sul bordo del tavolo. «I primi sintomi sono quelli di una semplice allergia. Prurito a bocca e viso, che si propaga in tutto il corpo. Poi palpitazioni, ipertensione, nausea, disturbi sensoriali. Ma qui si parla ancora di avvelenamento lieve. Nell'avvelenamento avanzato si annebbiano i sensi, arriva la febbre, e le allucinazioni. Entro le due ore sopraggiunge una sensazione di freddo intenso, e...»

«E si muore per paralisi respiratoria.»Emeline lo guardò, interrogativa.

Julius, le labbra dischiuse, guardava entrambi con frenesia, quasi stesse assistendo a una partita di tennis. «Non credo di aver capito bene. Ezra, vuoi compiere un suicidio di gruppo?»

Lui inarcò le sopracciglia, come se quella di Julius fosse la più stupida delle premesse. «No, no, assolutamente no. Non dobbiamo nemmeno lontamente rischiarla, la morte. Saremo cauti. Dobbiamo arrivare, ecco, a un livello intermedio. La dose giusta deve portarci alle allucinazioni, -è questo l'importante- non dopo, per nessun motivo.»

«E tu sei sicuro di riuscire a indovinare quale sia la giusta, precisa dose?» domandò l'altro, incredulo.

«No, non io. Ma Emeline sì.»

Entrambi si voltarono verso di lei. Emeline, in tutta risposta, scoppiò in una risata incredula. Possibile che riponessero così tanta fiducia in lei?«Stai certamente scherzando» constatò, cinica.

«Perché dovrei?» Ezra sembrò quasi ferito; infastidito, sicuramente. «Ci troviamo davanti a una pianta che potrebbe ammazzarci tutti e tre, con dosi sbagliate, e tu credi sia uno scherzo?»La osservò per un attimo, prima di soffiare una risatina priva d'umorismo.

«Se non lo è sei completamente malato» fece lei, seria. Non voleva ammetterlo, -si vietava di farlo- ma il fatto che la scelta di Ezra fosse ricaduta proprio su di lei l'aveva tanto presa alla sprovvista quanto lusingata. Era stato facile scacciare la nebbia dell'adulazione per osservare con raziocinio cosa vi si nascondeva dietro: era uno scarico di responsabilità? Possibile. Non lo facevano a posta, ma persone come Ezra sembravano naturalmente predisposte ad evitare scelte che influivano troppo anche sugli altri. O almeno era ciò che credeva di aver percepito durante la loro breve convivenza.

«Perché vuoi che lo faccia io? Perché non Julius?» E a quella domanda lui si voltò; le braccia incrociate, i denti a mordere l'interno della guancia, serrati a strappare la pelle.

«Perché tu sei oggettivamente la migliore con i dosaggi. Sei quella che ha lavorato di più sui sieri e di conseguenza hai la maggior esperienza. Julius è bravo nell'estrazione, ma pecca in matematica; io sono tragicamente avverso alla chimica in generale. Tra i tre sei la scelta meno pericolosa.»

A quel punto seguì un prolungato silenzio, in cui tutti sembravano aver sgombrato la mente da ogni tipo di risposta possibile. Poi Julius scoppiò a ridere -la prima risata genuina tra le altre-. Rise a lungo, sotto gli sguardi privi di espressione degli altri. «Santo Dio» sibilò. «Stiamo davvero per rischiare la morte affidandoci alla soluzione meno pericolosa?»

«Conosci qualcun altro che ci appoggerebbe?»ribattè subito Ezra, ma Julius continuò.

«Pensavo aspirassimo alla longevità, non alla resurrezione.»

Emeline nascose un sorriso, celando il viso nell'incavo delle spalle. «Ha ragione Ezra» disse. «Non c'è nessun'altro che può aiutarci. E se è vero che la dose mortale è di tre grammi» prese il barattolo dalle mani di Ezra, lui glielo lasciò con obbedienza. «E quello farmaceutico oscilla tra gli zero virgola cinque e gli zero virgola sei, c'è da risolvere una semplice equazione.»

Julius buttò fuori l'aria, sprezzante. «Ringrazia che abbiamo già abbastanza dati su questa dannata pianta» esclamò, rivolgendosi verso Ezra. Poi guardò Emeline. «E noi ringraziamo che non sia andato a prendere una pianta sconosciuta al genere umano.»

«Riconosciuto il fatto che è solo un risultato teorico, e ci tengo a precisarlo, forse non applicabile alla realtà, e considerato il fatto che la dose deve essere in una fascia intermedia, e quindi indefinita, i grammi per cui l'aconito dovrebbe fare effetto, -dovremmo fermarci alla febbre, secondo i miei calcoli- sono uno virgola sessantacinque. Non è una dose sicura, né una che permetta la comparsa dei soli effetti dell'avvelenamento lieve. Siamo in bilico, è più rischioso, ma non è fatale. In alcun modo» Più Emeline parlava, più aveva l'impressione che tutto ciò che stava dicendo fosse semplicemente falso. Come si poteva essere certi che quel dosaggio non fosse letale? Ne era sicura solo perché lo dicevano le equazioni e i calcoli di statistica sui fogli vicino a lei. Ma c'era qualcosa di troppo irreale e astratto in semplici risultati d'inchiostro. La matematica le era sempre sempre sembrata troppo perfetta e asettica per avere un giusto, realistico riscontro nella realtà.

«In alcun modo?» contestò Ezra.

«E se lo è stai zitto, visto che è un'idea tua.» Julius si staccò dal muro, avvicinandosi al barattolo. Era nervoso; i movimenti scattanti e il tono rigido tradivano la sua ansia.

«No, in alcun modo. C'è il rischio, anzi, la certezza, che possano manifestarsi dei malesseri nei giorni seguenti. Febbre, nausea, vomito. Ma è tutto. L'aconito è tra i pochi psicoattivi che non crea dipendenza. È questo l'importante, mi sembra.»

«E poi veniva usato nell'antichità. Voglio dire, in Arabia era un afrodisiaco. Era utilizzato nelle pratiche sciamaniche e religiose. Quindi nelle giusti dosi era riconosciuto come non letale.»Ezra sembrava volersene convincere, mentre si passava la mano sul braccio, in un gesto meccanico e ripetitivo.

«Riti sciamanici. Rassicurante» mormorò Julius. «Avete idea di quanto siano circa cinque grammi? Io non so valutarlo» ammise poi, osservando le radici oscillare quando lui ne scuoteva il contenitore.

«Non eri tu quello che l'anno scorso voleva provare a bere quella bevanda rituale dei misteri eleusini?»

«È il Kykeon, scemo, e poi è sempre meglio di mettersi l'erba del diavolo nelle sigarette.»

«È per l'asma!» protestò Ezra, incredulo. «Sono due cose diverse.»

«Un quarto di radice» fece Emeline. «Cinque grammi sono un quarto di radice.»

«Non so valutare nemmeno quello»

«Cristo» Ezra prese il barattolo, lo aprì e ne sfilò una radice. Staccò un pezzo. «Questo è un quarto.»

Julius alzò un sopracciglio. «Si può decisamente vivere senza saperlo.» Poi guardò l'orologio. «Credo dovremmo andarcene. Almeno, prima che la Vaas apra e ci trovino qui a derubare l'erbario di piante allucinogene.»

«L'acqua bolle?»

«Vado a controllare.»

Nel salone di Blackcurrant rimasero solo Emeline ed Ezra, seduti uno speculare all'altro; la prima a mangiare cioccolata, il secondo a far scorrere tra le labbra una sigaretta spenta.

«Non pensavo ti fidassi così tanto di me.»Emeline morse la cioccolata, sovrappensiero.

Ezra scrollò le spalle, poco interessato. «Vedi, è molto più semplice di quanto credi, fidarsi di te» disse solo, ermetico.

Lei roteò gli occhi. «Elabora questa stupidità, ti prego.»

Ezra sbuffò, la sigaretta a muoversi quasi di vita propria. Ancora non voleva decidersi ad accenderla. «Penso siano i tuoi modi. Sono sempre calmi. Non so se sia solo una delle tue tante maschere, -so che hai letto Pirandello, non guardarmi così-, ma dai semplicemente l'impressione di qualcuno di cui ci si può fidare. Hai sempre tutto sotto controllo, non sembri spaventarti mai veramente di nulla; non sei come me, o come Julius. Noi ci spaventiamo, a volte, e sul serio, e nemmeno sappiamo avere la pazienza per spiegarci qualche argomento a vicenda. Non disponiamo di un solido senso della responsabilità, invero non ne disponiamo affatto, per quanto mi riguarda. Eppure temo che dovremmo farcene crescere presto uno ben saldo, visto ciò a cui stiamo andando in contro. Non potrai essere per sempre tu, il nostro caposaldo di moralità.»

Emeline sorrise. «È strano» ammise. «Perché finora io mi sono sempre affidata a voi. Presumo sia solo una questione di equilibrio; finchè ci affidavamo uno all'altro pensando che dalla parte opposta ci fosse il vero esperto tutto funzionava. Ma temo che ora che entrambi sappiamo la verità necessiteranno dei cambiamenti.»

Ezra annuì, accendendo finalmente la sigaretta. Gettò la prima boccata di fumo al soffitto, oscurando la fioca luce del lampadario a olio. «Come pensavo. Ma ammetto che è stato rassicurante, per tutto questo tempo, credere che fossi davvero la persona che avevo idealizzato.»

«Dovrei sentirmi offesa?» fece lei, incrociando appena le braccia. Amava vederlo in difficoltà, intento a cercare la risposta giusta; e amava ancora di più notare che Ezra era sempre confidente che ne avrebbe trovata una.

Lui scoppiò a ridere, le spalle che si scuotevano appena percettibilmente. «Dio, no... sei meglio di quanto avessi immaginato, spendendo tempo come uno stupido. Sei brillante e spaventosamente ambiziosa; il problema credo risieda in me. Ciò che volevo era qualcuno di cui fidarmi ciecamente, perché temo di non fidarmi troppo di me stesso. Ma il problema sta in questo: capisco che è impossibile fidarsi completamente di qualcuno al di fuori di te stesso, pretendere che prenda delle decisioni al tuo posto. Immancabilmente qualcuno verrà deluso.»

«Fidarsi ciecamente? Di cosa parlate?» Julius arrivò al tavolo, tenendo tra le mani il vassoio con la teiera e tre tazzine.

«Nulla, riflettevamo su alcuni cambiamenti»fece Ezra, e Julius lo addocchiò con la coda dell'occhio. «Ho capito, non volete dirmi di cosa parlavate. Ma sapete tutto questo fidarsi cosa mi fa venire in mente?»

«Catullo?» chiese Ezra, rassegnato.

Julius spalancò la bocca in un teatrale segno di sopresa. «Ezra, come hai fatto a indovinarlo?» domandò, sardonico. «Comunque sì, mi ricorda la Fides. La lealtà e la fiducia ai patti. Credo ce ne serva molta per quello che stiamo per fare, quindi vi chiedo solo una cosa: se dovessi sentirmi male, accuditemi e non entrate per nessun motivo in camera mia. Se dovessi morire, non contattate la mia famiglia, dite loro che sono finalmente partito per l'Italia, ma seppellitemi vicino alla loro villa. Voglio infestare quella casa con la mia presenza maligna. Se dovessero ritrovare il corpo, date la colpa ai bracchi.»

«Hai finito?» Ezra gli soffiò addosso del fumo, lui lo scacciò con un gesto tagliente della mano. «No. Promettetemelo.»

«Te lo promettiamo» accettò Emeline.«Ma ora versa quel benedetto tè.»

«Se me lo chiedi tu, volentieri» rispose lui, guardando invece Ezra con uno sguardo ironicamente torvo. Prese la teiera, e riempì le tre tazze d'acqua bollente: il vapore del fumo prese a condensarsi presto lungo il vetro del lampadario.

Ezra afferrò una delle tre tazze, le lenti degli occhiali che si appannavano. «Prendete anche voi la vostra» ordinò.

Quando tutti l'ebbero seguito tirò fuori dalla tasca della giacca la radice d'aconito. La passò a Emeline, e lei prese a dividerla e pesarla sulla bilancia d'ottone che Julius aveva trovato nelle mensole della cucina.

«Cristo, sembra tutto troppo illegale» esclamò d'un tratto Julius, mentre osservava Emeline versare la sua porzione di radice nella tazza. È vero, c'era stata quella volta in cui avevano miscelato la belladonna allo scotch, giù alla Cattedrale, oppure quando quel ragazzo di Limerick era riuscito a far passare per i banchi scatole del

Tonico Miracoloso del dottor X, che prometteva di curare la malinconia e la tristezza; c'erano l'assenzio e la morfina, qualche volta gli ansiolitici, ma mai si era trovato in una situazione simile, e aveva pensato che potesse essere troppo. In quel momento Julius lo pensò, per un attimo soltanto; quello prima di prendere la sua tazza, dove fluttuavano pezzi di radice d'aconito.«Chi beve per primo?» chiese.

«Lo faremo tutti insieme, come sempre» gli rispose Emeline. Guardò la sua tazza, deglutendo, poi osservò Julius; pensò che dovessero sentirsi approssimativamente allo stesso modo, di fronte a quel tè proibito. L'unico che non sembrava avere timore era Ezra, che soffiava sulla sua tazza con pazienza, come era abituato a fare. Lì, placido e tranquillo, appariva esattamente come non era; Emeline lo colse dalla scintilla di un tremore che animò le sue dita per un attimo, quando riprese la tazza tra le mani.

«Julius, hai mandato via i domestici, vero?» chiese d'un colpo, quasi si fosse staccato dal trance che lo aveva reso silenzioso fino ad allora.

«Sì» fece lui, confuso. «Ho solo Martha. Se n'è andata due ore fa.»

«Bene» disse Ezra. «Va bene.»E bevve due sorsi di tè.

«Ezra! Per Dio!» Julius ebbe l'impulso di alzarsi. Le sue mani, pallide contro la luce artificiale, si erano istintivamente mosse verso la tazza, quasi volessero rovesciarla.

«Bevete!» esclamò Ezra. «Dobbiamo farlo contemporaneamente!»E, dopo un lungo sorso, guardò Emeline. Lei lanciò un'occhiata a Julius: tu ci credi? Sembrava dire. Tu credi a tutto questo? Ma fu solo un momento. Poi bevve, anche lei, e a quel punto Julius non potè far altro che seguirla. Aveva un sapore terribile, peggio di qualsiasi medicina avesse mai provato, ma continuò a bere, e così fece Emeline; Ezra aveva già finito il suo. Si era alzato, aveva preso a girare per la stanza, in attesa che accadesse qualcosa.

Anche Emeline si alzò, proprio quando iniziava a sentire la bocca formicolarle.

«Emeline» la richiamò Julius. «Non hai detto quale sia l'antidoto.»

«Non c'è» fece lei, sorridente. «L'unico modo per disintossicarsi dall'aconitina è vomitare.»

Ed Ezra, dietro di lei, scoppiò a ridere. «Julius è terrorizzato dal vomitare»

Lui, ancora seduto, osservò la sua tazza. Gli rimanevano due sorsi. «Al Diavolo» mormorò, e bevve fino a che non sentì il sedimento della radice scontrargli le labbra. Quando ripose la tazza al suo posto e ne osservò il fondo, tutto ciò che riuscì a vedere fu una grande, scura macchia sfuocata. Sperò che l'aconito facesse effetto il prima possibile; e che ciò che avrebbe visto non sarebbe stato tanto spaventoso.

Capitolo 6

Ne verbum quidem

Il sole batteva insistente contro le tende serrate e doveva già essere tarda mattina quando Emeline si svegliò. Qualcuno l'aveva coperta con una trapunta di lana quando si era addormentata sul divano della sala; si passò una mano sulla guancia e ne scoprì, con una punta d'imbarazzo, i solchi lasciati dal cuscino. Non provava la stessa sensazione da quando era più piccola e abitava ancora con i genitori.C'erano state delle notti in cui si addormentava sulla sua scrivania, e il padre le copriva le spalle con una delle sue spesse coperte. Quando si alzò a sedere si sentì allo stesso modo, scostando la trapunta e guardandosi intorno: tutto sembrò farsi meno leggero quando i ricordi presero a riaffiorare. Potè constatare, con un forte senso di nausea, che l'ombra del sapore amaro dell'aconito le infestava ancora la lingua. Ricordava poco di quello che era successo, ma vividamente aveva solo un unico ricordo: di essere uscita in veranda, in piena notte, e di aver vomitato. Il resto erano sole sensazioni. L'odore dell'erba vicina al viso, le risate e in seguito il silenzio di Ezra; e poi un frusciare continuo, martellante, un rumore che aveva già sentito, ma che sapeva fosse impossibile che potesse udire proprio allora, in quel momento. Si alzò in piedi, e con poca sorpresa si rese conto di non essere del tutto stabile; come d'estate, quando il caldo diventava troppo opprimente e la pressione le calava, allora si sentì sul punto di svenire. Si risedette, e fu in quel momento che sentì dei rumori dalla cucina.

«Ezra»Lo vide, seduto dall'altro capo del tavolo.Lui scivolò ancora più sulla sedia, mentre giocava con l'accendino. Davanti a lui c'era un bicchiere vuoto e una bottiglia di scotch su cui Julius aveva scritto il suo nome. «Dov'è Julius?» Emeline rimase dalla porta, ferma, appoggiandosi allo stipite. Il lampadario, sopra di loro, era curiosamente acceso.

«Non ha funzionato.» Ezra riaccese la fiamma dell'accendino, poi la spense ancora una volta. Si sporse verso il bordo del tavolo, la camicia che gli si piegava lungo le spalle. «Non è servito a nulla.»

«Non ricordo praticamente niente» disse Emeline, ed era la verità. C'era solo un dettaglio.«L'unica cosa sono ...» poi si fermò. Forse l'aveva solo sognato, e voleva che fosse vero.

«Cosa?» domandò Ezra, appoggiando finalmente l'accendino davanti a lui.

«Un frusciare.»

«Come di foglie?»

«No, più di ali. Come se fossi davanti alla mia voliera.»

Ezra buttò fuori l'aria, lentamente. «È strano» fece. «Ieri notte, per tutto il tempo, ero convinto fosse giorno. Vedevo la luce sbucare da dietro le tende delle finestre.»

«Cosa significa?» Emeline si versò da bere. Ezra sembrò non farci nemmeno caso.

«Non ne ho idea» ammise. «Non capisco nemmeno se siamo vicini a ciò che cerchiamo. Di certo non ci siamo staccati dall'Io. E l'Uno è ancora troppo lontano.»

«Tu percepisci qualche cambiamento?»Emeline bevve il primo sorso, ma abbandonò subito il bicchiere, quando una nuova ondata di nausea le assalì la bocca dello stomaco.

«A parte la confusione mentale e il mal di testa, non credo.»

«Dov'è Julius?» chiese nuovamente Emeline, prima di lasciare che Ezra finisse il suo bicchiere. «Ci hai parlato?»

Lui scosse la testa. «Mi sono svegliato cinque minuti prima di te. Sinceramente non l'ho cercato.» Finché parlò guardò lo scotch, lo osservò mentre le ultime gocce roteavano sul fondo del bicchiere. Poi alzò lo sguardo verso Emeline. «Vai pure a vedere se è al piano di sopra.»

«Perché dovrebbe essere lì?»

Ezra scrollò le spalle, disinteressato. «Perché quando ti sei addormentata siamo andati nel suo studio per annotare gli sviluppi. Almeno, ci abbiamo provato.»

«E non l'hai più controllato da allora?» Emeline si alzò, sentendo un'ondata di panico infrangersi nel petto. «Non lo hai più visto?»

«No.»

«Cristo, Ezra» gridò, spaventata. «Ci siamo avvelenati, potrebbe essere morto!»

Lui sbattè le ciglia una, due volte, il viso limpido e velato di stanchezza. Poi disse solo: «abbiamo avuto una discussione. È per questo che non ho controllato.»

Rimase a osservarlo, il tempo di capire che non avrebbe detto altro, ed Emeline scomparve dietro la porta. Alle sue spalle Ezra si alzò, la sua sedia a stridere contro le assi del pavimento.

Salì le scale di palissandro, i volti dei Deerwood a osservarla dall'alto dei loro occhi scuri e torvi. «Julius?» chiamò, a mezza voce, temendo incosciamente di rompere quel denso silenzio.

Aprì la porta dello studio; Julius, come un'ombra, stava sdraiato nel letto, il viso contro la parete. Era ancora vestito, e le scarpe sporche di terriccio sfioravano le lenzuola accatastate alla fine del materasso. Sembrava fosse fuggito da un sogno, così, perfettamente vestito e sporco d'erba; la camicia ancora candida e i pantaloni stropicciati, il corpetto che si muoveva sotto il peso di respiri lenti e regolari. Emeline si appoggiò all'armadio, senza respiro; per un attimo una sequenza infernale si era fatta largo nella sua mente: le mani fredde e l'incolparsi a vicenda, la polizia che raggiungeva Blackcurrant e la sentenza di un tribunale vicino. Ma Julius era vivo, ed era davanti a lei, il viso tranquillo e gli occhi che si muovevano contro le palpebre. Ezra arrivò poco dopo, senza fiato, i lineamenti mossi da una lieve tensione. «Visto?» disse. «Te l'avevo detto. È vivo. Anche se non si fosse mezzo avvelentato si sveglierebbe comunque tardi, non c'è di cui preoccuparsi.»Poi gli si avvicinò, un passo dopo l'altro, lentamente.

«Meglio se lo svegli» mormorò Emeline, e allora lui gli posò una mano sul torace.

«Julius, fa' vedere a Emeline che non sei morto» rise, ma Julius si limitò a far scorrere ancora una volta gli occhi, senza muoversi. «Sta sognando?» chiese Ezra, ma Emeline gli si avvicinò, veloce, notando che i denti gli battevano, quasi impercettibilmente.

«Julius» fece, sfiorandogli la guancia. Sussultò, ritraendosi di scatto, per poi riavvicinarsi con foga, a tastargli il viso.

«Cosa?» fece Ezra. «Cosa c'è?» chiese, il timbro flesso dal nervosismo.

«È bollente.» Emeline si appoggiò ai ginocchi, afferrando Julius per le spalle. Poi gli toccò di nuovo il volto, premendo il palmo contro la sua fronte. «Dio santo!» sibilò, frustrata, mentre quell'onda angosciante prometteva di tornare a sommergerle il torace. «Dobbiamo fare qualcosa» disse, portandosi una mano alla bocca, mentre sentiva le labbra tremare.

Ezra rimaneva immobile, fermo davanti a Julius, fissando un punto indefinito della sua camicia.

«Ezra!» Emeline si voltò verso di lui, iraconda. «Perché non sei salito qui a controllarlo? Perché hai fatto finta di niente?»

Lui scosse la testa. Sembrava terrorizzato. «Non l'ho fatto apposta. Emeline, ti giuro.»

«Poteva essere morto. Potrebbe morire anche adesso!»

Lui negò ancora, chiudendo gli occhi. «No, non è così. Ti giuro, davvero...» Ma lei non gli lasciò tempo di finire la frase; tirò uno schiaffo talmente forte che il suo schiocco riecheggiò nel silenzio della stanza, riponendola di nuovo nel silenzio più assoluto. Ezra nascose la guancia dietro la mano destra, stringendone il polso con quella sinistra, tremante dallo spavento. Sì ammutolì, stupefatto, gli occhi chiari serrati in uno sguardo di sgomento.

Non disse nulla per qualche secondo, poi Emeline sospirò, puntando lo sguardo al soffitto, quasi potesse ritrovarne all'interno la calma perduta. «Non puoi permettere che un litigio ci metta a rischio tutti. Devi saper contenere i sentimenti, o non potrà mai funzionare nulla» esclamò; il suo tono era tornato fermo e incolore. Si alzò, e stese la sua mano in aiuto di Ezra, che ancora stava seduto sul pavimento gelido, in silenzio.

«Portami del ghiaccio e dei panni» ordinò lei, prima di rivolgere un altro sguardo a Julius. «E non avvertire nessuno. Neppure una parola.»

Erano ormai le tre del pomeriggio quando Julius si svegliò, e scosso dai brividi chiese cosa stesse succedendo.

«Un colpo di febbre» aveva risposto Emeline, per non farlo preoccupare troppo. Lui aveva provato a sistemare il panno pieno di ghiaccio che gli gravava sulla fronte, lamentandone la pesantezza, ed Emeline lo aveva fatto per lui, metre gli bagnava i polsi d'alcol. Era stato Ezra a suggerirlo, quando aveva avuto nuovamente il coraggio di parlare, e allora aveva detto che quando da piccolo soffriva d'influenza suo padre usava sempre degli impacchi d'alcol nelle zone sensibili come i polsi o il viso.

«Ci siamo riusciti? Con l'Uno e tutto il resto?» chiese all'improvviso Julius, a mezza voce, le onde scure dei suoi capelli che, scomposte, si erano riversate sul bianco del cuscino.

«No, temo di no. Non è il problema principale adesso, comunque.» Aveva aspettato a sentigli di nuovo la febbre, forse per timore che l'avrebbe trovata ancora alta; ma Emeline scostò il panno pieno di ghiaccio dalla sua fronte, e venne sopraffatta da una paura affilata quando la trovò bollente esattamente come prima.

«Come va?» chiese Julius. «Dimmelo, se sto morendo» poi provò a ridere.

«È scesa.» Emeline si alzò. «Prova a riposare.» Poi si chiuse la porta alle spalle.

«Mi servono degli antipiretici» sussurrò a Ezra, che stava seduto contro l'inferriata del torrione delle scale, con un libro vicino che sembrava non aver letto, delle lettere infilate tra le sue pagine.

«È ancora alta?» Lui scattò in piedi, le mani intrecciate tra loro come serpi. La guardò, ma lei annuì soltant o.«Dio, Emeline...» sputò lui, portandosi due dita alla radice del naso. Diede dei colpi di tosse, così prese una sigaretta dalla tasca e l'accese. Durante la mattina aveva avuto un serio attacco d'asma per lo stress, ed Emeline aveva creduto d'impazzire, non sapendo chi dei due soccorrere prima.

«Prima dobbiamo riempire la vasca da bagno d'acqua fredda. Deve abbassarsi la temperatura.» Ezra sbirciò dalla porta socchiusa, osservando la stanza di Julius. «Dobbiamo portarlo di sotto. Il bagno è al piano terra.»

«È a malapena cosciente» mormorò Emeline, preoccupata.

«Non mi interessa. Lo trascineremo, se necessario, ma prima di tutto deve stabilizzarsi la temperatura. E se per tutto questo tempo non è successo vuol dire che la situazione è più grave di quanto pensavamo.» La voce gli tremava appena, come se non avesse parlato per troppo tempo, o avesse molto freddo; osservò Emeline di sfuggita, prima di aprire la porta.

«Vai a mettere l'acqua» le chiese, prima di rivolgersi a Julius. «Sei sveglio?» domandò, e ricevette solo un breve mugolio stanco.

«Va bene» si disse Ezra. «Stai per fare il bagno più freddo della tua vita. Sii emozionato.»

«Vuoi farmi morire di ipotermia?» lo interrogò lui, gli occhi chiusi, la bocca che si muoveva appena. «Tanto vale lasciarmi morire così» ironizzò, prima di stringere un lamento tra i denti. Respirava a fatica, il collo imperlato di sudore che si irrigidiva e richiedeva aria, ormai spossato.

Ezra si voltò, proprio mentre Emeline risaliva le scale.

«Ezra» Julius lo chiamò. «Mi dispiace, per ieri» poi si sistemò sul un lato, lentamente. «Ma Emeline lo deve sapere.»

«Eccomi» lei entrò nella stanza, in tempo per osservare l'espressione di Ezra mutare radicalmente. «La vasca è pronta.»

Le era sembrata un'eternità, quando in realtà erano solo stati i soliti scalini di sempre, uno dopo l'altro, con la semplice aggiunta di metà del peso di Julius sulla sua spalla; l'avevano tenuto in due, Ezra a sorreggergli il braccio destro ed Emeline quello sinistro, ma per lei le scale che aveva percorso così tante volte sembravano allora centuplicate, un passo dopo l'altro, ponderato e malato di una lentezza esasperante, un viaggio speso tra i sussulti di Julius e le rassicurazioni dolci di Ezra. Lui, più di tutti, sembrava decisamente teso; nei suoi occhi c'era un'appresione brillante, infuocata dal senso di colpa.

«Siamo quasi arrivati» sibilò a Julius, quando vide l'anta della porta del bagno spalancata alla fine del corridoio.

Rischiò di prendere una storta contro il dislivello del pavimento, ma Emeline si sporse in avanti e continuò a camminare fino a che non potè appoggiarsi finalmente al lavandino, ansimante.

«Lentamente» fece Ezra, quando notò che si stavano avvicinando troppo alla vasca. «Dobbiamo fare con calma, o lo shock potrebbe essere troppo forte.»

Julius, che aveva alternato stati di incoscienza e lucidità per tutto quel tempo, quando sentì il tocco dell'acqua gelida prese a ripetere un no dopo l'altro. «No, no, no» scuoteva la testa, e bloccò il polso di Emeline con la presa debole della sua mano, quando lei provò a immergerla nell'acqua.

«Lascia stare» la rassicurò Ezra, guardando la vasca. «È caduto nel lago da piccolo. Gli sembrerà di essere tornato lì.»E lasciò la presa sul torace di Julius, abbandondandolo nella morsa gelata dell'acqua. Lui prese un respiro profondo, disperato, annaspando nella vasca alla ricerca dei bordi.

«Quanto deve restare in acqua?» Emeline si staccò dal bordo, allontanandosi; la scena la turbava in una maniera sottile e insidiosa, priva d'emozione, eppure forte e viscerale. Aveva visto pochissime malattie nella sua vita, ed erano specialmente le sue, di quando era bambina e le sperimentava in prima persona: ma erano raffreddamenti, influenze, nella peggiore delle ipotesi, qualcosa a cui si potesse dare una confortevole e tranquillizzante soluzione. Tuttavia in quel momento era radicalmente diverso, e quella non era una febbre di come ne aveva già viste; era forte, fortissima, riflettè, mentre osservava le guance di Julius tremare, i capelli di cui curava religiosamente l'ordine attaccarglisi alla fronte, umidi e annodati. Quello era l'effetto di un avvelenamento. La sola parola la fece rabbrividire; se Julius fosse morto

-non avrebbe nemmeno dovuto pensarci, ma era più forte di lei- i genitori avrebbero richiesto delle ulteriori diagnosi? E se così fosse stato, quanto poteva passare prima che i medici si accorgessero dell'avvelenamento da aconitina?

«Emeline» Ezra le stringeva il braccio. «Emeline, devi darmi una mano.»Julius sembrava essersi calmato. Forse aveva perso di nuovo coscienza, o forse si era semplicemente rassegnato. La camicia le si era incollata alla pelle, sottile come un'ostia, e lui non si muoveva. Ezra gli si avvicinò al collo, per sentire il battito. Sospirò. «È regolare.» Poi gli passò una mano sulla fronte, ancora calda, ma non bollente. A quel punto si accasciò contro il bordo della vasca, e iniziò a piangere: versò qualche lacrima imbarazzata, strofinandola subito via dagli occhi. «Mi dispiace così tanto» esclamò, i bordi degli occhi ancora bagnati. Per un attimo diede l'impressione di essere simile a come doveva essere da ragazzino: tutti le davano quest'impressione quando piangevano, pensò Emeline: che tornassero ad essere esattamente com'erano da bambini. Il pianto era una delle poche cose che non cambiava con gli anni, ma sembrava rimanere sempre uguale. «Emeline, mi dispiace così tanto.»Ezra la guardò di sfuggita, prima di puntare di nuovo lo sguardo a terra.

Lei si appoggiò al muro, pensierosa. «Ci riproveremo» disse soltanto.

Capitolo 7

Dura lex, sed lex

Sentiva gli zoccoli battere contro l'erba marcia, affondarvici dentro e riuscirne subito con difficoltà, il nitrire isterico del cavallo a riempirgli le orecchie, l'abbaiare distante dei cani che rimbombava lungo i rami degli abeti; qualcuno l'aveva superato: un cavallo dal lucente pelo morello, che con un balzo aveva saltato il fosso davanti a lui. Si guardò un'ultima volta alle spalle, e Julius capì di essere rimasto l'ultimo del gruppo. Sentiva la voce distante di suo padre provenire da oltre il muro di faggi, il suo tono che, severo, si fletteva in ordini secchi e violenti; l'urlare di Mida, che cercava di sovrastarlo, la voce femminile della sorella, che pregava di essere aspettata. Si fermò, in mezzo a quello che sembrava essere un cerchio delle streghe. Scendendo da cavallo aveva calpestato uno strano fungo dal colore ambrato; strinse il fucile tra le dita di una mano, poi Julius si allontanò dall'animale, controllando che non lo seguisse: lui lo guardò per qualche secondo, lo sguardo laterale e vitreo, un poco perplesso, prima di iniziare a brucare l'erba. Era un Clydesdale poco intelligente, che non recepiva gli ordini e si fermava sempre bruscamente nel mezzo del tragitto; Julius si era slogato un polso quando l'aveva disarcionato perché infastidito da una vespa, e suo padre aveva promesso di sopprimerlo, a fine stagione. Lui aveva concordato di tenerlo solo fino all'inizio dell'estate, ma a volte, guardandolo, sentiva una tiepida morsa allo stomaco, come l'impellenza di buttare fuori il cuore, sputarlo e chiedergli di reagire a quell'ingiustizia di fronte a un essere che aveva avuto la sola condanna di non essere scaltro e ammaliante come lo era il cavallo del padre; un Akhal-Teke dal pelo d'un nero metallico, lucente e spaventoso, lo sguardo arido e le cosce slanciate e muscolose, che avanzava tra il verde della foresta come una grande macchia di pece ed era fedele al suo padrone al pari d'un demone invocato da un vecchio sciamano.

Julius si allontanò dalla via principale, raggiungendo una deviazione del percorso incolta e selvaggia, ricoperta di felci; il frinire delle cicale era assordante, ma para-dossalmente meno inquieto delle grida e l'abbaiare di qualche momento prima. Tra l'edera e gli steli della lavanda scorreva un piccolo torrente, l'acqua argillosa e il letto pieno di piccoli sassolini rilucenti, simili a pepite d'argento ossidato. Si chinò, i fiocchi sfatti degli stivali che scontravano l'acqua, e Julius ne raccolse un po' tra le mani, versandosela in capo. Seppur fosse aprile, nell'aria fluttuava già un tepore fastidioso, percepibile da sotto i pantaloni di feltro racchiusi negli stivali, la camicia chiusa fino a metà collo -come piaceva a sua madre- la giacca attillata al di sotto del torace, che gli premeva la vita in maniera quasi insopportabile. Prese altra acqua, bevve, e ne prese ancora; la caccia del mat-tino non gli era mai piaciuta granché, sia per l'orario spropositatamente insostenibile, - davanti al bosco alle sei, sveglia alle cinque e un quarto-, sia perché si risolve-va sempre allo stesso modo: tutti intontiti dal sonno tranne Mida e loro padre, che facevano tutto il lavoro. Quel giorno sembrava diverso, o almeno lo era diventa-to da quando Mida si era fatto sfuggire il cervo che aveva già colpito di striscio, e che tutti stavano cercando per ogni ettaro del bosco, impossibilitati ad arrendersi. Ezra, stanco, il fucile aperto sotto il braccio, si era proposto di badare ai cavalli, ma il signor Deerwood aveva insistito affinché partecipasse alla ricerca.

Julius prese altra acqua, le dita ormai insensibili al freddo, e la portò alle labbra. C'era qualcosa di sbagliato. La risputò subito a terra, pulendosi la bocca col dorso della mano; un sapore amaro gli aveva inondato la lingua, sottile eppure abbastanza presente da rovinare il gusto neutrale dell'acqua. Si guardò la mano; laddove aveva scontrato le labbra c'era ora una striscia rossa, acquosa e sbiadita. Poi guardò il torrente. Il cristallino dell'acqua si mischiava a un rosso vivo, una striatura cremisi che si espandeva come un lungo e denso filo. Era uno scenario terribile, quasi biblico; la prima piaga d'Egitto, pensò Julius, ritraendosi e guardandosi intorno. Poi lo vide: il cervo, fermo nell'erba, i bramiti rochi e il ventre che sfiorava la sponda del torrente, riversando il sangue nell'acqua. Raccolse il fucile, inserendo due colpi e chiudendo la canna con uno schiocco; gli andò vicino, gli stivali a scontrare i fili dell'erba, ma Julius non si mosse. Il cervo lo osservava con occhi scuri e brillanti, lacrimosi, non spaventati quanto malinconici, come se desiderasse di essere in un altro posto. Il suo petto si alzava e si abbassava, frenetico e viscerale, annaspando in cerca d'aria. E allora, mentre lo scrutava da dietro il mirino, Julius capì

che la sua non era una ferita superficiale come credeva Mida, e come credeva lui; ci aveva sperato, almeno
tra un pensiero e l'altro, quasi vergognandosene, ma il
colpo di Mida era stato come al solito troppo preciso, e
l'aveva ferito proprio al centro del ventre.

Strinse ancora l'impugnatura del fucile, il suo legno lis-
cio a scivolargli contro i palmi bagnati: teneva l'indice
sul grilletto, fermo e sicuro, quindi perché non spara-
va? Il cervo emise un lamento, discreto e dignitoso, le
corna sporche d'erba e di fango, la bocca aperta, da cui
sbucava la lingua. Stava soffrendo, se ne rendeva conto,
ma ancora non voleva sparare. Non ancora, si disse:
sperava che sarebbe morto da solo, senza dover sentire
il rumore violento del colpo, poi il silenzio e l'odore della
polvere da sparo nelle narici. Forse si sarebbe ancora
potuto risolvere tutto con il semplice osservare, senza che dovesse davvero terminare tutto lui stesso. Il
cervo si spostò di qualche centimetro, alzando di poco
lo zoccolo macchiato di foglie; forse poteva addirittura
rialzarsi, e andare a morire da un'altra parte, dove Julius
non lo avrebbe seguito; forse lo avrebbe ritrovato solo
dopo, morto, appeso e sventrato insieme a tutti gli altri
cervi nel mattatoio, non riconoscendolo nemmeno. Ma
udì il suono sordo di uno sparo; il cervo crollò a terra,

quasi immediatamente, il peso della sua testa ad appi-
attire gli steli dei denti di leone, gli occhi con uno sguardo diverso da quello aristocratico di pochi attimi prima,
vuoto e spaventosamente distante. Il sangue gli arrivò al
volto, uno zampillio umido e ferrigno sulla pelle, e Julius,
le labbra dischiuse dallo spavento, chiuse gli occhi d'impulso. Quando li riaprii trovò Ezra, pallido e ombreg-
giato dal buio degli abeti, fermo dall'altra sponda del
torrente; teneva il fucile stretto davanti al viso quando
all'improvviso, mosso da un qualche ordine interiore, lo
prese con una sola mano, aprendolo e riponendolo al
braccio. Saltò dalla sponda opposta. «Stava soffrendo»
disse, placidamente. «Avremmo solo prolungato la sua
agonia.»

Poi, di fronte al silenzio di Julius e al suo turbamento,
prese un panno dalla tasca della giacca e iniziò a pulirgli
la guancia dal sangue. «Certe cose è meglio anticiparle,
Julius. Certe cose che non si posso evitare. Meglio an-
darci in contro, prima che diventino sempre più angos-
cianti.» Gli premette il panno al petto, e lui lo strinse tra
le dita di una mano, lentamente. In lontananza si udì il
latrare dei bracchi.

«Che ore sono?» chiese per prima cosa Julius, una volta svegliato. Si era strofinato gli occhi, mettendosi a sedere sulla testata del letto, il grande cuscino di broccato ricamato di rose dietro la schiena, i polsini della camicia aperti.

«Le dieci e un quarto.» Gli rispose Emeline, seduta vicino a lui, un piccolo quaderno sulle ginocchia, la matita tra le mani.

«Abbiamo saltato lezione?»

«Temo di sì.»

«Ezra? Lui dov'è?»

Emeline gettò un breve sguardo sulla pagina aperta del quaderno. «È andato a lezione. Aveva l'esame di Astronomia» tirò su col naso, brevemente, prima di aggiungere: «Ho insistito io affinché andasse. Lui voleva rimanere qui.»

Julius prese la caraffa d'acqua riposta sul comodino, e si versò da bere. «Quanto ho dormito?»

«Dalle quattro di ieri pomeriggio.»

«Stai scherzando?» fece lui. «Com'è possibile che voi non abbiate avuto nemmeno un effetto e io sia stato così?»Era davvero stato privo di coscienza per tutte quelle ore? Eppure allora si sentiva esausto, come se avesse riposato debolmente per qualche minuto: solo una cosa ricordava di quel lungo e confuso sonno, ed erano i sogni. Ne aveva vissuti moltissimi, tutti sfocati e farraginosi, un'accozzaglia di visioni e suoni e profumi che nemmeno sapeva ricollocare più nella realtà: lievi collane di perle, risa in lontananza, alloro che si muoveva al vento; lunghi drappi candidi e qualcosa di scintillante.

«Perché non hai vomitato» gli rispose Emeline, lapidaria, mentre tornava al suo bozzetto: uno studio di ciò che si vedeva dalla finestra, ovvero un tripudio di colline su colline, tutte tappezzate dal nero intenso del ribes.

«Non sapevo che disegnassi.» Si stirò, poi Julius raccolse debolmente le ginocchia intorno alle braccia, sbirciando oltre il quaderno. «Cos'è, matita?»

«Carboncino. Lo odio. Vorrei avere qui delle tempere.»

«Dove lo hai trovato?»

«Nel laboratorio.» Mentì, almeno per metà. Era stato Ezra a tirarlo fuori inconsapevolmente, mentre cercava con frenesia qualcosa tra i cassetti di Julius. Lei lo aveva sorpreso nel farlo. «Sto cercando le lettere di mio padre» aveva detto lui, e sembrava sincero. «Sai, le ritira Julius dalla posta, ma temo che le legga prima di consegnarmele.»

Ciò l'aveva lasciata piuttosto perplessa. Dalla posta? Si ricordava di aver pensato. Il padre di Ezra gli inviava le lettere direttamente a Blackcurrant? E, se così fosse stato, come era potuto venire a conoscenza del fatto che il figlio passava la maggior parte dei fine settimana lì, senza che lui stesso glielo avesse mai riferito?

«Hai studiato Arte? Voglio dire, in quelle accademie costose che organizzano corsi per borghesi annoiati.» Julius si sporse ancora per guardare, e questa volta osservò la scura distesa di ribes più a lungo.

Emeline ridacchiò. «No, è stato mio padre. A dirla tutta, lui odia quei corsi.»

«Quindi un'autodidatta.» Gli piaceva come tutto fosse sfumato, tranne qualche dettaglio piccolissimo: le colline erano masse amorfe, sfumate a mano, ma il ribes –Dio, com'era vivo!- era dettagliato e reale.

«Mi sembra che tutti lo siamo, qui» fece lei, abbozzando a un veloce sorriso.

«Già.» Julius chiuse gli occhi, le sopracciglia lievemente contratte, come se stesse ancora soffrendo di un sottile e pungente dolore. «Mi piacerebbe conoscerlo, tuo padre» disse, a un certo punto.

Emeline fermò il tratto, voltandosi verso di lui. «E perché mai?»

Lui diede un'alzata di spalle, come a dire: non lo so, lo voglio e basta. «È un uomo d'arte, che ti ha trasmesso dei bei valori. Può bastare?»

Emeline aveva annuito, ma sapeva che non era tutto. Per come conosceva Julius, aveva subito compreso quanto potessero affascinarlo le famiglie; ascoltava con genuino interesse ogni trafilo di discorso che riguardasse i genitori di Ezra, seppur lui non ne parlasse quasi mai, -affascinanti e rinomati medici di Concord, probabilmente ebrei, vista la piccola e polverosa menorah che Ezra teneva alla Cattedrale: tutto ciò che si sapeva sul loro conto- e stava sempre attento quando Emeline nominava suo padre: una specie di interessamento accademico, il suo, quasi fosse uno studioso d'antropologia in cerca di testimonianze per un sondaggio, o cercasse solamente di capire se tutte le famiglie fossero come la sua.

«Se mai verrà qui a Edimburgo, te lo presenterò.» Da quanto non vedeva suo padre? All'inizio aveva oziosamente tenuto il conto dei giorni, ma dopo poco aveva iniziato a saltarne uno o due, fino a perdere la cognizione del tempo. Lui gli scriveva sempre delle brevi e coincise lettere, specialmente a proposito dei suoi studi o della compravendita dei quadri, -"questo mese ho acquistato un Sisley, un bellissimo paesaggio nebbioso che spero di farti vedere presto" o anche "stamane ho incontrato il signor Waterhouse, e non mi aspettavo di trovarlo così simpatico; lavora a un dipinto la cui protagonista ti somiglia molto"- e lei gli rispondeva subito, inviando la posta dalla Royal Mile il prima possibile. Lui si firmava sempre come "con stima, dal tuo paterno socio" e ciò la faceva immancabilmente sorridere: quello era il titolo che lei gli aveva affibbiato quando era più piccola.

«Sai, mi fai desiderare di essere bravo nella pittura. Se c'è un'arte in cui sono scarso è proprio quella» confessò Julius, dopo un lungo silenzio. «E il canto. Dio, terribile. Ah, e la scultura.»

«Anche la danza, suppongo» ironizzò Emeline, mentre voltava pagina e prendeva a tracciare le linee di una nuova scena.

«No, in quella sono piuttosto bravo» si difese lui, il sopracciglio alzato, un baluginio stanco negli occhi. «Se potessi dimostrartelo ora, lo farei.»

«Ora dimostrami che non sei morto, va bene così.» Il carboncino sfregava sulla carta, in un suono rigido e sordo; le dita scorrevano a sfumare in quel mare di pece.

Julius stese le labbra in un mezzo sorriso, sottile e pensieroso. Emeline lo vide svanire lentamente dal suo volto, un'onda che si ritirava, a lasciare solo la sua ombra scura sulla sabbia. «Sapevi che il padre di Ezra ha studiato a Parigi?»

«Non ne avevo idea.»

«Già, nemmeno io. A la Sorbonne, come mio padre. Nessuno me ne aveva mai parlato. Ero del tutto convinto che avesse frequentato un college in America.»

«Quando lo hai scoperto?» Emeline gli rivolse una breve occhiata, fugace; per qualche motivo non voleva guardarlo dritto in viso, credette, convinta che se lo avesse fatto lui avrebbe smesso di raccontare.

«Oh, dalle lettere che il padre di Ezra gli inviava. Tra le varie cose incolpava la Vaas, dicedo che certe cose non sarebbero successe, se Ezra avesse seguito il suo consiglio di intraprendere gli stessi studi del suo vecchio padre.» Poi si mise alla ricerca di una sigaretta, guardandosi intorno. Si sporse verso il secondo cassetto del comodino e ne tirò fuori un porta sigarette, che gettò sul letto.

«Hai letto le sue lettere?» chiese Emeline, il tono lievemente contraddetto, seduta sul bordo della sedia col carboncino a traballare tra le dita; Ezra aveva ragione, allora.

Julius sussurrò qualcosa, che si perse tra le sue labbra. «Insomma, sì. È stato la sera dell'aconito. Ero stanco e desideravo solo gettarmi sul letto, mi sentivo già febbricitante, sai. Ma quando mi sono diretto verso la camera, ho notato che le luci nella stanza di Ezra erano accese. Ero convinto che fosse ancora di sotto, o almeno l'ultima volta che mi ricordavo di averlo visto era proprio lì, in salotto, a ridere. Eppure lo trovai seduto al suo scrittoio, a scrivere qualcosa con tranquillità, -non potevo sapere che trovarsi me davanti, in quel momento, fosse la cosa peggiore che potesse capitargli-, così gli ho chiesto a chi stesse scrivendo, e lui si è voltato di scatto, spaventato, intimandomi di uscire. A quel punto mi sono avvicinato -scherzando, giuro! Eravamo tutti un po' su di giri, quella sera- e ho preso qualcuna delle lettere che teneva aperte sulla scrivania.»

Emeline, rimasta in ascolto, lo osservava senza il baluginare distante di un'emozione. Ogni tanto si sistemava i capelli dietro l'orecchio, tirava su col naso o si sfiorava il collo; per il resto, sembrava fosse da un'altra parte, e al contempo attenta come una volpe.

«Stava scrivendo a suo padre. Hai presente tutte le lettere che gli vedevamo tra le mani, quelle che non osava mai aprire davanti a noi, e che a un certo punto buttava direttamente nel camino? Erano tutte sue. Gli ha sempre scritto per lo stesso motivo.» Aveva parlato con una foga, una gelida irritazione tale che era scontato continuasse a raccontare; eppure, davanti al fulcro della questione, Julius si era fermato. Era ovvio che la situazione lo avesse scosso, lo si notava dalla sua parlantina e dal modo che aveva di mangiarsi qualche parola, -tipico di quando era in ansia, o in allerta- e sembrava che ce l'avesse parecchio nei confronti di Ezra, quasi ciò che aveva fatto potesse essere qualcosa di simile a un tradimento, ed Emeline lo dovesse sapere per il suo bene.

«Quale motivo?» lei si raddrizzò sulla sedia, e, quando parlò, il suo tono sembrò quasi sbagliato, come se non le appartenesse affatto; non era calmo, per niente, era teso e incrinato, come se nella sua mente si stessero prospettando centinaia e centinaia di possibili scenari, tutti ugualmente terribili. Cosa poteva avere a che fare con tutto ciò, il padre di Ezra? Per quale motivo quell'uomo quasi irreale, che Emeline aveva figurato come uno di quei concertisti nei numeri de la Comoedia Illustré che leggeva d'estate, col viso tetro e arrogante e il fare composto, voleva mettersi così insistentemente in contatto con quel figlio a cui scriveva solo per le festività?

«Quale motivo?» insistette di nuovo, di fronte alla quiete di Julius.

Lui gettò la testa contro il cuscino, espirando: nei suoi occhi si leggeva il dubbio. Sapeva che ciò che stava per fare era scorretto, almeno nei confronti di Ezra. Poteva percepirlo dal suo sguardo, dallo scorrere degli occhi da una parte all'altra della stanza, senza mai fermarsi, così Emeline gli si avvicinò, e stringendogli il polso disse:«Se c'entriamo anche noi devi dirmelo, Julius. Capisci? Ezra è responsabile delle sue azioni, ma tu, sapendo ciò che è successo e tacendo, sei responsabile anche delle nostre.»

Lui non fece resistenza alla morsa fredda di Emeline, ma anzi la guardò in viso, per pochi secondi, prima di spostare lo sguardo al soffitto. «I documenti che ci ha portato, hai presente, no?»

«Certo» soffiò lei, quasi frustrata.

«Ezra diceva che quell'uomo, quello che lo ha ospitato in Svezia, glieli avesse consegnati. Ecco, non è vero. Per niente. Li ha rubati dalla sua biblioteca, strappati da un libro più grande. E ora quell'uomo gli da la caccia, dice di volerlo denunciare. Il padre... ecco, lui non ha rivelato dove Ezra si trovi fino ad adesso, -ha sempre fatto di tutto per limitare i danni creati dal figlio-, ma è comunque infuriato, e minaccia di dire a quell'uomo, quel botanico, che Ezra studia qui alla Vaas. Sai come si dice... dura lex, sed lex[1].»

Emeline allentò la presa sul polso di Julius. Calò un prolungato e teso silenzio, in cui entrambi si osservarono, senza guardarsi veramente. Ezra, un ladro? Quello sce-

nario le si affacciava davanti con una violenza sottile e
sibillina, mentre Emeline rifletteva su quella nuova cu-
riosa prospettiva. Non era turbata, ma piuttosto sorpresa; Ezra, seppur avesse una certa sfrontatezza, un'ar-
roganza giovane e vitale che gli rischiarava lo sguardo
-quel tipo di superbia giovanile che suo padre avrebbe
gioiosamente chiamato orgueil- non le era mai sembrato capace di qualcosa del genere. Qualcosa che gli
facesse valicare i limiti delle idee poco sensate della
Vaas, delle stupidaggini da college, di quelle piccole ri-
bellioni, di quelle azioni decisamente folli che, seppur
tali, rimanevano sempre entro i confini dell'università;
gli aveva visto prendere molte decisioni discutibili, -e
delle quali spesso si era resa complice- ma era come se
fossero fuori dal tempo e dagli altri, qualcosa di elitario e
decisamente privato, di cui solo loro erano a conoscenza e di cui solo loro, se le cose non fossero andate
come sperato, ci avrebbero rimesso. Ma allora, davanti
alla confessione di Julius, -gli sta dando la caccia, aveva
detto-, si rese conto di quanto quel sottile valico fosse
stato oltrepassato, di come gli altri ora c'entrassero più
di quanto avesse sperato, e niente fosse più nascosto o
segreto. Una fuga dalla giustizia: era questo ciò in cui si
era davvero trasformata la loro impresa?

«Cristo» Emeline soffiò via l'aria, sussurrando appena le parole.

Julius prese le sigarette, e gliene porse silenziosamente una. Lei la prese tra la punta delle dita, e lui l'accese a entrambi. Il fumo gli uscì in annoiate volute grigie dalle narici. «Già. Cristo.»

.

Milton Keynes UK
Ingram Content Group UK Ltd.
UKHW020800241123
433194UK00016B/1091

9 798868 999215